論語

編者序

孔子名丘，字仲尼，春秋末年魯國陬邑（今山東曲阜市東南）人。生於周靈王二十一年（魯襄公二十二年，西元前五五一年），卒於周敬王四十一年（魯哀公十六年，西元前四七九年），年七十三歲。

孔子幼年貧困，但勤奮好學，長大後做過管理糧食帳目和畜養牛羊的小官，也做過魯國的司空、大司寇。後來他離開魯國，周遊齊、宋、衛、曹、鄭、陳、蔡、楚等國，由於始終不受重用，十四年後回到魯國，修詩書，定禮樂，序周易，作春秋，並開創私學，廣收門徒。

孔子是思想家、哲學家，也是儒家學派的創始者。他主張有教無類，強調品德陶冶，學生共有三千人，傑出的有七十二人，因此他被後人尊為萬世師表，是中國歷史上最偉大的教育家。

《論語》是記錄孔子言行的典籍，不是孔子親自編撰，也非某一個弟子所編，而是集合許多片斷的篇章而成。據柳宗元《論語辨》的推斷，最後編定《論語》的人，應該是曾子的學生。《論語》在春秋末期由孔子弟子開始記錄，編輯成書則是在戰國初期；宋代朱熹作《論語集注》，更成為最具權威性的註解。

漢代史學家司馬遷的《史記．孔子世家》，描述孔子的行跡、樣貌、功業、理想，無一不生動且深刻；太史公讀孔氏書，想見其為人，嘆服夫子可謂至聖矣。《人人讀經典》系列以白話譯注《論語》，兼取諸家，直注明解；譯文力求淺白，注文力求簡明，原文附有注音，適合今人朗讀學習。認識孔子學說，求取為人處世、求學做事的道理，「學而時習之，不亦說乎！」

目錄

學而篇

1.1 子曰：「學而時習之，不亦說乎？有朋自遠方來，不亦樂乎？人不知而不慍，不亦君子乎？」

【譯文】

孔子說：「學習做人處世的道理，在適當的時候去實踐，不也覺得很愉快嗎？有朋友遠道來訪，不也感到快樂嗎？別人不理解你，而你並不怨怒，不也是君子風度的表現嗎？」

【注釋】

子 古時對男子的美稱。《論語》中除了孔子以外，有子和曾子也經常被稱「子」。**學** 學習五經六藝，目的在培養德行。**時** 在周秦時代，「時」多指「適當的時候」。朱熹在《論語集注》中則解釋為「時常」。**習** 溫習、實踐。**說** 即「悅」，內心喜悅的意思。**朋** 同類，志同道合的朋友。**樂** 指形於外的快樂。**慍** 怨恨。**君子** 德行美好的人。

1.2 有子曰：「其為人也孝弟，而好犯上者，鮮矣！不好犯上，而好作亂者，未之有也。君子務本，本立而道生。孝弟也者，其為仁之本與？」

【譯文】

有子說：「一個人能孝順父母與尊敬兄長，卻喜歡和長官唱反調，那是很少見的。不喜歡犯上，卻喜歡造反作亂，那更是不會有的。要成為君子，得先從根本做起，根基穩固了，才知道人生的正路該怎麼走。孝順父母與尊敬兄長，正是做人處事的根本呀！」

【注釋】

有子 名若，字子有，生於西元前五一八年，少孔子十三歲，魯國人，是孔門七十二賢人之一。 **孝** 孝順父母。 **弟** 尊敬兄長。 **犯上** 冒犯在上位的人。 **鮮** 很少。 **務本** 專心致力於根本。 **道** 此處指孔子提倡的仁道。 **為仁之本** 仁與古代的「人」字可通用，此處即解釋為「以孝悌為做人處事的根本」。 **與** 同「歟」，感嘆、反問的語氣。

1.3

子曰：「巧言令色，鮮矣仁。」

【譯文】

孔子說：「說話美妙動聽，表情討好熱絡，這種人很少有真誠的心意。」

【注釋】

巧言令色 說話美妙動聽，表情討好熱絡。朱熹注曰：「好其言，善其色，致飾於外，務以說人。」巧、令都是美好的意思。**仁** 由真誠引發內在向善的力量，擇善固執而止於至善。這是《論語》裡首次出現的「仁」字。

1.4 曾子曰：「吾日三省吾身：為人謀而不忠乎？與朋友交而不信乎？傳不習乎？」

【譯文】

曾子說：「我每天多次省察自己：為人辦事有沒有盡心盡力？與朋友往來有沒有信守承諾？老師教給我的有沒有做到呢？」

【注釋】

曾子 名參，字子輿，生於西元前五〇五年，少孔子四十六歲，魯國人，是被魯國滅亡了的鄫國貴族的後代。曾參是孔子的得意門生，以孝出名。 **吾** 我。 **三** 代表多次。 **省** 檢查、反省。 **傳、習** 朱熹注曰：「傳，謂受之於師。習，謂熟之於己。」

1.5

子曰：「道千乘之國，敬事而信，節用而愛人，使民以時。」

【譯文】

孔子說：「治理一個諸侯國，要審慎處理國事並恪守信用，節約開支並愛惜臣僚，役使百姓要不誤農時。」

【注釋】

道 同「導」，治理之意。 **乘** 古代每乘為四匹馬拉的兵車一輛，車上甲士三人，車下步卒七十二人，後勤人員二十五人，共計一百人。依春秋禮制，天子六軍，每軍千乘；大國三軍，中國兩軍，小國一軍，故千乘之國不算是大國。 **敬事** 對事謹慎專一。 **人** 此指官吏、有地位的人。 **民** 指士大夫以外的人民。

1.6

子曰：「弟子入則孝，出則弟，謹而信，汎愛眾，而親仁。行有餘力，則以學文。」

【譯文】

孔子說：「為人子弟者，在家要孝順父母，出外要敬重兄長，謹言慎行，關懷群眾並親近有善行的人。先做好這些事，再去學習書本上的知識。」

【注釋】

弟子 鄉里子弟或學生，泛指後生晚輩。 **仁** 仁者。 **文** 原指詩書六藝等學問技藝。

1.7 子夏曰：「賢賢易色，事父母能竭其力，事君能致其身，與朋友交，言而有信，雖曰未學，吾必謂之學矣。」

【譯文】

子夏說：「重賢輕色，奉養父母能竭盡心力，奉事君上能盡忠職守，與朋友交往能信實。這樣的人雖自謙未學，我也認為他已經受到了良好的教育。」

【注釋】

子夏 卜商，字子夏，生於西元前五〇七年，少孔子四十四歲，晉國人，是孔門十哲之一。 **賢賢易色** 上「賢」是動詞，敬重之意，下「賢」字是名詞，指賢德。以整句觀之，父母、君臣、朋友為五倫關係，此宜做夫婦關係解，以正人倫之始。 **竭其力、致其身** 都是盡力的意思。

1.8 子曰：「君子不重則不威，學則不固。主忠信，無友不如己者，過則勿憚改。」

【譯文】

孔子說：「君子若不莊重自持就沒有威嚴，多所學習則不會流於固陋。以忠信為做人處事的基本原則，不和志趣不相投的人往來，有過錯不要怕改正。」

【注釋】

學則不固 有兩種解釋：一是作堅固解，與上句相連，不莊重就沒有威嚴，所學也不堅固；二是作固陋解，喻人見聞少，學了就可以不固陋。 **憚** 害怕。

1.9

曾子曰：「慎終追遠，民德歸厚矣。」

【譯文】

曾子說：「喪禮能慎重，祭祀能虔誠，社會風氣就會歸於淳厚了。」

【注釋】

終 人死謂終，這裡指父母去世。 **追** 追念。 **遠** 祖先。 **德** 指風氣。

1.10

子禽問於子貢曰：「夫子至於是邦也，必聞其政，求之與？抑與之與？」子貢曰：「夫子溫、良、恭、儉、讓以得之。夫子之求之也，其諸異乎人之求之與！」

【譯文】

子禽問子貢：「老師每到一個國家，一定能知道這個國家的國政，這到底是老師去打聽來的，還是人家主動告訴他的呢？」子貢說：「是因為老師為人溫和、良善、恭敬、儉樸、謙讓，而獲得這種待遇的。就算老師是求得的，求法也應該和他人有所不同吧！」

【注釋】

子禽 姓陳名亢，春秋末年人，少孔子四十歲，一說是子貢的學生。 **子貢** 複姓端木，名賜，生於西元前五二〇年，小孔子三十一歲，是孔門十哲之一，孔子曾稱其為「瑚璉之器」，以善於雄辯聞名。 **是** 這個。 **邦** 諸侯國。 **抑** 還是。 **其諸** 大概。

1.11

子曰：「父在，觀其志；父沒，觀其行。三年無改於父之道，可謂孝矣。」

【譯文】

孔子說：「父親在世時，觀察為人子之志；父親不在了，觀察為人子是否能獨當一面的自主性。若能終身哀慕猶若父存，不改父之道，可算孝了。」

【注釋】

三年 意指多年。 **道** 指善行。

1.12 有子曰：「禮之用，和為貴。先王之道，斯為美，小大由之。有所不行，知和而和，不以禮節之，亦不可行也。」

【譯文】

有子說：「禮法的運用，最可貴的是在維持各種關係的和諧。先代帝王的為政之道，即是以用和為最美。無論小事大事，都要按照禮的規範而達到和諧。遇到某些狀況，不用禮制，只知為了和諧而求和諧，那也是無法成事的。」

【注釋】

禮 《禮記‧曲禮》：「夫禮者，所以定親疏、決嫌疑、別同異、明是非也。」本章中的「禮」強調人與人之間長幼尊卑的行為規範，乃「禮制」之意。　**和** 和諧。

知 知道，了解。

1.13

有子曰：「信近於義，言可復也；恭近於禮，遠恥辱也。因不失其親，亦可宗也。」

【譯文】

有子說：「與人約定儘量合乎道義，才能說到做到；謙恭待人合乎禮節，才能遠離恥辱；所親不失其親，那麼你也就可以尊敬他了。」

【注釋】

復 踐其言也。 **親** 指可親之人。

1.14

子曰：「君子食無求飽，居無求安，敏於事而慎於言，就有道而正焉，可謂好學也已矣。」

【譯文】

孔子說：「君子在飲食上不求飽足，居住不求安適，做事勤快而說話謹慎，主動向有道德而學有專長之人請教指正，這樣可以稱得上是好學的人了。」

【注釋】

君子 指求學求道的人。　**敏** 敏捷，做事眼明手快。　**有道** 志行高尚的人。

正 問其是非。

1.15

子貢曰：「貧而無諂，富而無驕，何如？」子曰：「可也。未若貧而樂，富而好禮者也。」子貢曰：「《詩》云：『如切如磋，如琢如磨。』其斯之謂與？」子曰：「賜也，始可與言詩已矣！告諸往而知來者。」

【譯文】

子貢說：「一個人貧窮卻不阿諛奉承，富有而不狂妄自大，這樣的人表現如何？」孔子說：「還可以。但比不上貧窮而樂於行道，富有而崇尚禮節的人。」子貢說：「詩經上說處理骨角玉石時，要不斷切磋琢磨，精益求精。這就是您所說的意思吧？」孔子說：「賜呀，現在可以與你談《詩》了。告訴你一件事，你就可以舉一反三了。」

【注釋】

未若 不如，比不上。 **詩云** 《詩經．衛風．淇奧》之篇，言治骨角者，既切之而復磋之；治玉石者，既琢之而復磨之；治之已精，而益求其精也。聽其規諫以自修，如玉石之見琢磨。 **賜** 子貢的名字叫端木賜，孔子都直接叫他的名字。

1.16

子曰：「不患人之不己知，患不知人也。」

【譯文】

孔子說：「不怕沒人了解自己，就怕自己不了解別人。」

【注釋】

患 擔心。 **不己知** 不知己的倒裝。

為政篇

2.1

子曰：「為政以德，譬如北辰，居其所而眾星共之。」

【譯文】

孔子說：「以德行來治理國家，就像北極星一樣，安然不動而眾星繞之。」

【注釋】

北辰 北極星，天之樞也。《爾雅·釋天》：「北極謂之北辰。」古人認為北極星是不動的。**居其所** 不動也。**共** 同「拱」，是說眾星四面旋繞而歸向之。

2.2

子曰：「《詩》三百，一言以蔽之，曰思無邪。」

【譯文】

孔子說：「《詩經》三百篇，用一句話來概括，就是作者的思想是純正的。」

【注釋】

詩三百 《詩經》是古代采風之官到各地採集民間歌謠總集而成，包括風、雅、頌，實共三百零五篇，此舉大數。 **一言以蔽之** 用一句話來概括。蔽，當、概括。

思無邪 這三字出於《詩經．魯頌．駉》，描寫魯君有很多馬，往前奔行，看來十分勇健。「思」常作語首或語末助詞，故「思無邪」重點在「無邪」二字。「邪」與「斜」字通用，描寫魯君的馬向前奔跑，一點都不會偏斜。「無邪」代表從內到外直接出去，沒有轉彎也不繞圈子。

2.3

子曰：「道之以政，齊之以刑，民免而無恥；道之以德，齊之以禮，有恥且格。」

【譯文】

孔子說：「以政令來管理，以刑罰來約束，百姓雖不敢犯罪，但是不知道羞恥。以德行來教化，以禮制來約束，百姓不僅知恥，而且能走上正途。」

【注釋】

道 引導之意。 **之** 指民眾。 **政** 法制禁令。 **齊** 齊整。 **免** 苟免刑罰。 **格** 正也。

2.4 子曰：「吾十有五而志於學，三十而立，四十而不惑，五十而知天命，六十而耳順，七十而從心所欲，不踰矩。」

【譯文】

孔子說：「我十五歲時立志求學，三十歲時可以立身處事，四十歲時不困惑，五十歲時可以領悟天命，六十歲時可以順從天命，七十歲時可以隨心所欲而不違背規矩。」

【注釋】

有 通「又」。 **而** 連接詞，表示相承兩個詞的關係。 **志於學** 立志學道。「志」在此為立志之意。朱熹《集注》曰：「心之所之謂之志。」 **天命** 使命。 **耳** 「耳」字去掉不讀，無礙句意。朱熹《集注》曰：「聲入心通，無所違逆，知之之至，不思而得也。」 **順** 順天命。

2.5

孟懿子問孝，子曰：「無違。」樊遲御，子告之曰：「孟孫問孝於我，我對曰：『無違』。」樊遲曰：「何謂也？」子曰：「生，事之以禮；死，葬之以禮，祭之以禮。」

【譯文】

孟懿子問什麼是孝，孔子說：「不違禮。」樊遲為孔子駕車時，孔子對他說：「孟孫問我什麼是孝，我回答他不要違背禮制。」樊遲說：「這是什麼意思？」孔子說：「父母在的時候，以禮侍奉他們；父母過世後以禮安葬他們，以禮祭祀他們。」

【注釋】

孟懿子 魯大夫仲孫氏，是魯國三家中的第一家，諡號「懿」，原名仲孫何忌，是孟僖子的兒子。 **樊遲** 樊須字子遲，魯人，孔子弟子，比孔子小三十六歲。 **御** 駕車。 **孟孫** 即孟懿子。孔子恐孟孫不曉無違之意，而懿子與樊遲友善，必將問於樊遲，故告之。 **生，事之以禮** 謂昏定晨省之屬也。 **死，葬之以禮** 謂為之棺、衣衾而舉之，卜其宅兆而安厝之。 **祭之以禮** 謂春秋祭祀以時思之、陳其簠簋而哀戚之。

2.6

孟武伯問孝。子曰：「父母唯其疾之憂。」

【譯文】

孟武伯問什麼是孝，孔子說：「讓父母只為子女的疾病擔憂。」

【注釋】

孟武伯 原名仲孫彘，諡號「武」，是孟懿子的兒子。 **父母唯其疾之憂** 生病是無可避免的事，讓父母只偶爾為你的疾病擔憂，而不用為其他的事操心，這就表示你真的很孝順。

2.7

子游問孝。子曰：「今之孝者，是謂能養。至於犬馬，皆能有養；不敬，何以別乎？」

【譯文】

子游請教行孝之道，孔子說：「現在所謂的孝順是指能侍奉父母，但即使是狗和馬也都能服侍人，若是沒有尊敬之心，人與犬馬又有何區別呢？」

【注釋】

子游 孔子弟子，姓言，名偃，少孔子四十五歲。 **犬馬** 狗看門，馬拉車，都是服侍人的，此處應解釋為把子女比喻成狗和馬，而非將奉養父母比喻為飼養犬馬。

2.8 子夏問孝。子曰：「色難。有事，弟子服其勞；有酒食，先生饌，曾是以為孝乎？」

【譯文】

子夏請教什麼是孝，孔子說：「要保持恭敬和悅的神色是最難的。有事要做時，年輕人代勞；有豐盛美食時，請尊長吃喝；難道這就算是孝嗎？」

【注釋】

色 臉色。　**食** 食物。　**先生** 指父兄。　**饌** 飲食。

2.9 子曰：「吾與回言終日，不違如愚。退而省其私，亦足以發，回也不愚。」

【譯文】

孔子說：「我和顏淵討論一整天，他都沒有任何疑問，感覺好像笨笨的。不過以後私下觀察他的日常言行，卻也能照著我的話去檢查自己的私心雜念，發揮我所教導的道理。顏淵其實並不笨啊！」

【注釋】

回 顏回，字子淵，一作顏淵，又稱顏子。生於西元前五二一年，小孔子三十歲，魯國人，人稱復聖。他是孔子七十二門徒之首，孔門十哲中德行修為最高者。 **不違** 意不相背。 **如** 好像。 **發** 發揮所言之理。

2.10

子曰：「視其所以，觀其所由，察其所安；人焉廋哉！人焉廋哉！」

【譯文】

孔子說：「看一個人正在做的事，檢視他過去的所作所為，再思考他的心究竟安於什麼情況。如此一來他還能如何隱藏呢！他還能如何隱藏呢！」

【注釋】

以 為。 **觀** 看。 **由** 經過、經驗。 **察** 審察。 **安** 安頓、安定。 **焉** 何。 **廋** 藏匿。

2.11

子曰：「溫故而知新，可以為師矣。」

【譯文】

孔子說：「熟讀已學習的知識，從中悟得新的道理，就可以當老師了。」

【注釋】

故 已學過的知識學問。 **新** 新的領悟。

2.12

子曰：「君子不器。」

【譯文】

孔子說：「君子不像器具那樣，只限於一種用途。」

【注釋】

器 器皿，代表有一定的用途，此處解釋為某一種定型的人。

2.13

子貢問君子。子曰：「先行其言，而後從之。」

【譯文】

子貢問怎樣才算是君子，孔子說：「先去實踐要說的話，做到以後再說出來。」

【注釋】

行 實踐。

2.14

子曰：「君子周而不比，小人比而不周。」

【譯文】

孔子說：「君子常行忠信而不私相阿黨，小人結黨營私而不能待人親厚。」

【注釋】

周 周延。 **比** 結黨。

2.15

子曰：「學而不思則罔，思而不學則殆。」

【譯文】

孔子說：「學習而不思考，則徒然浪費時間，毫無領悟；只有思考而不學習，就會陷於迷惑。」

【注釋】

思 尋思。　**罔** 徒然。　**殆** 本為危險，此指陷於迷惑。

2.16

子曰：「攻乎異端，斯害也已。」

【譯文】

孔子說：「治學問如果只在一個方面下工夫，或只在一方面立場上考慮問題，這樣是有危害的。」

【注釋】

攻乎 在某一方面下工夫。 **異端** 這裡指事物兩端之一，從任何一端看對方都是「異端」。

2.17

子曰：「由，誨女知之乎？知之為知之，不知為不知，是知也。」

【譯文】

孔子說：「子路啊，我教的你都了解了嗎？知道就是知道，不知道就是不知道，這才是求知的態度。」

【注釋】

由 仲由，字子路，或稱季路，生於西元前五四二年，比孔子小九歲，魯國人，是孔門十哲之一，也是弟子中侍奉孔子最久者。 **女** 同「汝」。

2.18

子張學干祿。子曰：「多聞闕疑，慎言其餘，則寡尤。多見闕殆，慎行其餘，則寡悔。言寡尤，行寡悔，祿在其中矣。」

【譯文】

子張學做官，孔子說：「多聽別人說話，有疑惑的放一邊，不要說沒把握的話，就能減少別人的責怪；多看各種行為，有不妥的放一邊，不要做沒把握的事，這樣就能減少後悔。說話錯少，行動悔少，就能當好官了。」

【注釋】

子張 複姓顓孫，名師，字子張，生於西元前五〇三年，陳國人，比孔子小四十八歲。**干** 求也。**祿** 祿位。**闕** 放在一邊。**尤** 過錯。

2.19

哀公問曰：「何為則民服？」孔子對曰：「舉直錯諸枉，則民服；舉枉錯諸直，則民不服。」

【譯文】

哀公問：「怎樣才能使百姓心服呢？」孔子回答說：「舉用正直為公之人，置於曲枉自私之人之上，民受其利，乃服。若舉用曲枉之人而置之於直者之上，民受其害，不服。」

【注釋】

哀公 姓姬名將，「哀」是其謚號，魯國第二十六任君主，魯定公之子。**對曰** 《論語》中記載，對國君或上位者的回答都用「對曰」以表示尊敬。**錯** 置。**諸** 之於。

2.20

季康子問：「使民敬忠以勸，如之何？」子曰：「臨之以莊則敬，孝慈則忠，舉善而教不能，則勸。」

【譯文】

季康子問：「如何使民對上恭敬盡忠與勸勉為善？」孔子說：「在百姓面前態度莊重，他們就會敬愛你；能上孝於親，下慈於民，百姓就會盡忠於你；任用賢良教化不能之人，則民自能相勸而善。」

【注釋】

季康子 魯國大夫季孫氏，名肥，諡「康」。 **臨** 對待。 **以** 古注作「與」字講。

2.21

或謂孔子曰：「子奚不為政？」子曰：「《書》云：『孝乎，惟孝友于兄弟。』施於有政，是亦為政，奚其為為政？」

【譯文】

有人問孔子：「你為什麼不出來做官呢？」孔子說：「《尚書》上說：『最重要的是孝順父母，友愛兄弟。』將這孝悌之道行於政事，就是從政。難道只有做官才是從政嗎？」

【注釋】

或 有人，不一定是孔子的學生。 **孝乎，惟孝友于兄弟** 出於偽《古文尚書·君陳》，今文學家說是逸書文。漢《石經》「孝乎」作「孝於」。 **奚** 為什麼。

2.22 子曰：「人而無信，不知其可也。大車無輗，小車無軏，其何以行之哉？」

【譯文】

孔子說：「一個人若是沒有信譽，不知要如何立身處世。就像大車無輗則不能駕牛，小車無軏則不能駕馬，如何能行走呢？」

【注釋】

大車 牛車。 **小車** 駟馬車。 **輗、軏** 大小車皆有轅，以為牛馬引車之用。轅端接一橫木，相接處各鑿圓孔相對，以金屬物貫穿之，使轅端與橫木能活動自如。此金屬貫穿物，大車稱為輗，小車稱為軏，是大小車行動之關鍵。

2.23

子張問：「十世可知也？」子曰：「殷因於夏禮，所損益可知也；周因於殷禮，所損益可知也；其或繼周者，雖百世可知也。」

【譯文】

子張問：「十代以後的社會制度和道德規範如何可知呢？」孔子說：「商沿襲夏朝的禮制，典章制度現在仍可以知道。周沿襲商的禮制，其所損益事，亦可知也。也許將來有繼周而起的朝代，非但順知既往，兼亦預知將來。」

【注釋】

十世 王者易姓受命為一世。 **殷** 商。 **禮** 泛指典章制度。

2.24

子曰：「非其鬼而祭之，諂也。見義不為，無勇也。」

ㄗˇ ㄩㄝ ㄈㄟ ㄑㄧˊ ㄍㄨㄟˇ ㄦˊ ㄐㄧˋ ㄓ ㄔㄢˇ ㄧㄝˇ ㄐㄧㄢˋ ㄧˋ ㄅㄨˋ ㄨㄟˊ ㄨˊ ㄩㄥˇ ㄧㄝˇ

【譯文】

孔子說：「祭奠別人的先人，是諂媚求福；遇到該做的事而不敢做，就是懦弱。」

【注釋】

鬼 祖先。 **義** 宜也，指該做的事。

八佾篇

3.1

孔子謂季氏：「八佾舞於庭，是可忍也，孰不可忍也？」

【譯文】

孔子說季氏：「他在家廟之庭僭用天子樂舞，這樣的事可以容忍的話，還有什麼事是不能容忍的？」

【注釋】

季氏 魯大夫季孫氏。**佾** 舞列。天子八、諸侯六、大夫四、士二。每佾人數，如其佾數。**忍** 容忍。**孰** 什麼。

3.2

三家者以〈雍〉徹。子曰：「『相維辟公，天子穆穆。』奚取於三家之堂？」

【譯文】

掌握魯國政權的三桓，祭畢撤祭品時竟也歌唱〈雍〉詩。孔子說：「『諸侯助祭，天子儀容肅穆。』怎能用在三家祭祖的正廳上呢？」

【注釋】

三家 指魯大夫孟孫、叔孫、季孫三公族之家。按魯桓公三子分三氏，故又稱三桓，意為均係桓公後裔。 **〈雍〉** 周頌篇名。 **徹** 祭畢而收其俎也，意同「撤」。天子宗廟之祭，祭畢撤祭品時歌雍詩娛神，是時三家僭而用之。 **相維辟公，天子穆穆** 此〈雍〉詩之文也。相，助也；維，辭也；辟公，謂諸侯及二王之後；穆穆，天子之容貌。此句意為「列國諸侯助祭，天子正莊嚴靜穆地在那兒主祭。」 **堂** 家廟內的正廳。

3.3

子曰：「人而不仁，如禮何？人而不仁，如樂何？」

【譯文】

孔子說：「人沒有真誠的心，禮有何用？人沒有真誠的心，樂又有何用？」

【注釋】

如……何 拿……怎麼辦。

3.4

林放問禮之本。子曰：「大哉問！禮，與其奢也，寧儉。喪，與其易也，寧戚。」

【譯文】

林放問禮的根本，孔子說：「這個問題太大了！就禮節來說，與其奢侈，寧可儉樸；就喪禮來說，與其儀式周全，不如內心真正哀戚。」

【注釋】

林放 字子丘，周敬王時為大夫，從孔子遊，問禮之本，列為七十二賢人。 **禮** 古時禮分為喪、祭、射、鄉、冠、昏、朝、聘等八種，孔子舉禮與喪，為林放解答根本之問，此當指喪禮之外的諸禮。 **易** 治。指習熟喪禮節文，而無哀痛。

3.5 子曰：「夷狄之有君，不如諸夏之亡也。」

【譯文】

孔子說：「夷狄雖無禮樂教化，尚且知道有君長，不像中國諸侯僭亂，目無君主。」

【注釋】

夷狄 通稱外族。 **諸夏** 通指春秋諸國。 **亡** 無也。

3.6

季氏旅於泰山。子謂冉有曰：「女弗能救與？」對曰：「不能。」子曰：「嗚呼！曾謂泰山不如林放乎？」

【譯文】

魯大夫季孫氏要去祭泰山。孔子問冉有說：「你不能阻止嗎？」冉有說：「不行。」孔子說：「天哪！難道泰山之神還不如林放懂禮嗎？」

【注釋】

旅 為天子祭山之名。 **泰山** 是在魯國與齊國境內的天下名山，為五嶽之長，只有天子能祭，以及魯君、齊君在其境內能祭。季氏只是魯國的大夫，他也要去祭泰山，這是嚴重的僭禮。 **冉有** 冉求字子有，魯人，孔子的弟子，少孔子二十九歲，當時為季氏的家臣。 **曾** 豈。 **泰山不如林放乎** 意謂普通人如林放者，猶知問禮之本，泰山之神豈不知禮？

3.7 子曰：「君子無所爭，必也射乎！揖讓而升，下而飲，其爭也君子。」

【譯文】

孔子說：「君子謙遜而無所爭，如果一定要有的話，就比賽射箭吧！比賽時，上下臺階與飲酒都拱手作禮，這樣的競爭才是君子之爭。」

【注釋】

射 六藝之一，自古戰陣所必需，平時則有射藝比賽，講求射禮。 **升、下、飲** 射禮行於堂上，將射升堂，射畢而下，勝負皆飲。

3.8
子夏問曰：「『巧笑倩兮，美目盼兮，素以為絢兮。』何謂也？」子曰：「繪事後素。」曰：「禮後乎？」子曰：「起予者商也，始可與言《詩》已矣！」

【譯文】

子夏問：「『笑臉美好燦爛，美目嫵媚流轉，穿上白衣顯得更絢麗動人。』這是什麼意思呢？」孔子說：「繪畫時，最後才上白色。」子夏接著問：「如此說來，就是人先要有忠信的美德，然後再用禮文飾嗎？」孔子說：「能夠啟發我的就是商呀！現在可以同你談《詩經》了。」

【注釋】

巧笑倩兮，美目盼兮，素以為絢兮 前二句在《詩經．衛風．碩人》第二章，後一句不見於此篇，東漢經學家馬融以為此句為逸詩，朱子《集注》以這三句皆是逸詩。**繪事後素** 繪指繪畫之事，素是白色。古人用絹帛畫畫，是在像樹皮似的底色上，先上青紅黑黃等顏色，最後才上白色。此句意指美女穿上白衣益顯清麗。**禮後乎** 意謂人性向善，本來就很美；「禮」是形式，讓人內心真誠的情感表現出來。**起** 啟發。**予** 我。**商** 子夏姓卜名商。

3.9

子曰：「夏禮，吾能言之，杞不足徵也。殷禮，吾能言之，宋不足徵也。文獻不足故也。足，則吾能徵之矣。」

【譯文】

孔子說：「夏朝的禮，我能說出來，但是杞國卻沒有足夠的證明；殷商的禮，我能說出來，但宋國沒有足夠的證明。這是因為文字典籍和賢人不足的緣故，否則我就能進一步證明了。」

【注釋】

夏禮 周武王分封夏禹的後代在杞國，所以夏朝的禮樂應該完整地被保存在杞國。孔子到了杞國，找不到足夠的證據，來證明夏禮。 **杞** 春秋時國名，在今河南杞縣一帶。 **徵** 證明。 **殷禮** 商滅亡後，子孫被分封到宋國。同樣也無法找到足夠的證據，來證明孔子所說的殷禮。 **宋** 春秋時國名，是商湯的後裔，在今河南商丘一帶。 **文獻** 文指典籍，獻指賢人。

3.10

子曰：「禘自既灌而往者，吾不欲觀之矣。」

【譯文】

孔子說：「禘祭，在舉行過灌禮後，我就不想再觀看下去了。」

【注釋】

禘 禘祭是天子祭祀宗廟的祭典，原本只有天子才能以此祭禮祭祀祖先，但周公有輔佐成王的功勞，所以特別被成王賜以禘祭之禮，就是周公封地的魯國國君可以此祭禮祭祀周公。 **灌** 禘祭時，要把祭祀的酒先獻給屍（找一個長像很像周公的人扮作周公，此人叫屍），讓他把酒灑在地上，求周公的魂魄降至他身上，接受子孫的供奉。這個過程叫作灌。 **吾不欲觀矣** 清劉寶楠《正義》裡說，周公是被成王特賜禘禮，但後來所有的魯國國君過世都以此禮祭祀，是僭越了禘禮，孔子因此看不下去。

3.11

或問禘之說。子曰：「不知也。知其說者之於天下也，其如示諸斯乎？」指其掌。

【譯文】

有人問關於禘祭的禮制。孔子說：「我不知道。知道的人對於治理天下一事，就好比看這個一樣容易了。」說著一手伸掌，一手指之。

【注釋】

示諸 示，同「視」。諸，「之於」的合音。

3.12

祭如在，祭神如神在。子曰：「吾不與祭，如不祭。」

【譯文】

祭祖如祖在，祭神如神在。孔子說：「自己不去祭，如同不祭。」

【注釋】

祭如在 此祭字指祭祖先。 **祭神如神在** 此指祭天地之神。 **與** 參加。也有人說最後兩句應該斷句成「吾不與，祭如不祭。」意指孔子不贊成有人在祭祀時因未見鬼神，就態度散漫，好像不在祭祀一樣。「與」在此作贊成講。

3.13

王孫賈問曰：「『與其媚於奧，寧媚於竈。』何謂也？」子曰：「不然。獲罪於天，無所禱也。」

【譯文】

王孫賈問道：「『與其討好奧神，不如討好當令的竈神。』這是什麼意思呢？」孔子說：「不是這樣的。一個人若得罪了上天，就沒有地方可以獻上禱告了。」

【注釋】

王孫賈 周靈王的孫子，名賈。當時是衛國執政大臣。 **奧** 室內西南角，尊者所居。奧神暗喻衛靈公與夫人南子，地位崇高卻不見得能給人實際的好處。 **竈** 煮炊食物之器名。王孫賈等權臣掌握不少實際利益，故借用這句當時流行的俗語暗示孔子：與其尊重國君，是否親近當權者比較好。 **獲罪於天** 孔子認為天的地位遠高於所有鬼神，人如果得罪天，向任何鬼神禱告都沒用了。

3.14

子曰：「周監於二代，郁郁乎文哉！吾從周。」

【譯文】

孔子說：「周代以夏、殷二代為借鏡，禮儀文采多麼煥然豐美呀！我主張遵從周朝的禮儀制度。」

【注釋】

監 同「鑑」，借鑑之意。 **郁郁** 文采豐盛貌。

3.15

子入大廟，每事問。或曰：「孰謂鄹人之子知禮乎？入大廟，每事問。」子聞之曰：「是禮也。」

【譯文】

孔子進入太廟，每件事都要請教。有人說：「誰說鄹人之子懂得禮呢？進了太廟，每件事都要問人。」孔子說：「這就是禮呀！」

【注釋】

大廟 周公封於魯，為開國之君，稱太祖，其廟即周公廟。大，通「太」。 **鄹人之子** 孔子的父親叔梁紇曾經是鄹邑的大夫，所以當時的人叫孔子為鄹人之子。

3.16

子曰：「射不主皮，為力不同科，古之道也。」

【譯文】

孔子說：「射箭主要看能不能射中靶心，不一定要射穿靶子，因為人的力氣強弱有別。這是古時尚德不尚武的風氣。」

【注釋】

射 六藝之一，射有軍事之射，有平時的各種禮射，這裡所說的是禮射。 **皮** 行射禮時，展開一塊布為箭靶，當中以獸皮做成鵠外型的（目標）。 **為** 因為。 **科** 等級。

3.17

子貢欲去告朔之餼羊。子曰：「賜也，爾愛其羊，我愛其禮。」

【譯文】

子貢想廢去每月初一告祭魯國祖廟的那隻生羊。孔子說：「賜啊！你愛惜那隻羊，我愛惜的是比羊更重要的禮制。」

【注釋】

告朔 周朝天子每年秋冬頒布來年曆書，諸侯受之藏於太廟，每月初一供羊祭告，然後上朝奉行。自周幽王開始，此禮已廢，魯文公起也不復行，只是宰殺活羊送到祖廟，虛應故事。子貢認為，禮既不行，又何必殺羊，故欲除去告朔之餼羊。 **餼羊** 祭祀用的活羊。 **愛** 愛惜。

3.18

子曰：「事君盡禮，人以為諂也。」

【譯文】

孔子說：「盡到事君之禮，別人卻認為是諂媚呀！」

【注釋】

諂 過度討好。孔子在魯國為司寇的時候，魯國國君的權勢衰微，三家大夫在朝堂專權，君臣之間多不遵守禮制，惟有孔子要挽回禮制，但一般人反而說他是諂媚。

3.19

定公問：「君使臣，臣事君，如之何？」孔子對曰：「君使臣以禮，臣事君以忠。」

【譯文】

魯定公問孔子：「君主怎樣使喚臣下，臣子怎樣侍奉君主呢？」孔子回答說：「君主差遣臣子應該依照禮節，臣下侍奉君主要竭盡忠心。」

【注釋】

定公 魯國的國君，名宋，「定」是謚號。定公是魯昭公的弟弟，孔子便是在魯定公執政期間擔任司寇。 **事** 服侍。

3.20

子曰：「〈關雎〉，樂而不淫，哀而不傷。」

【譯文】

孔子說：「〈關雎〉的演奏，快樂卻不過分耽溺，悲哀卻不至於傷痛。」

【注釋】

關雎 《詩經》首篇。寫一位窈窕淑女，在河邊採荇菜，她的美好使一位君子日思夜夢，希望娶她回家。 **淫** 本意是雨下得多，引申為沉迷在裡面。

3.21

哀公問社於宰我。宰我對曰：「夏后氏以松，殷人以柏，周人以栗。曰：『使民戰栗。』」子聞之曰：「成事不說，遂事不諫，既往不咎。」

【譯文】

哀公向宰我請教社主的事情，宰我答道：「夏代用松木，殷商用柏木，周朝用栗木。周朝用栗木，就是使人民戰慄恐懼。」孔子聽到這些話，說：「事成定局就不用再說了，已遂行的事也不必再提出諫言，宰我的話雖不恰當，但已經過去，我也不再追究了。」

【注釋】

社 古人建國立社，用來祭祀神祇。社稷壇上安放「社主」，通常用一木製牌位代表神靈，或在社旁栽種當地所宜的樹木。 **宰我** 宰予，字子我，春秋時代齊國人，為孔門十哲之一，為言語科傑出的學生。 **戰栗** 同「戰慄」，是恐懼的意思。哀公時，魯國國政早由三家所把持，哀公有意收回國政，此時藉問社徵詢宰我的意見。宰我藉周朝社主用的栗木，隱喻使人民戰慄的諫言，希望哀公有所作為，削弱三家權勢。 **咎** 怪罪、處分。

3.22

子曰：「管仲之器小哉！」或曰：「管仲儉乎？」曰：「管氏有三歸，官事不攝，焉得儉？」「然則管仲知禮乎？」曰：「邦君樹塞門，管氏亦樹塞門。邦君為兩君之好，有反坫，管氏亦有反坫。管氏而知禮，孰不知禮？」

【譯文】

孔子說：「管仲的見識與肚量太小了。」有人問：「管仲節儉嗎？」孔子說：「管仲有三處公館，屬下辦事不必兼管其他差事，怎能算得上節儉呢？」這個人再問：「那他懂得禮節嗎？」孔子說：「國君在宮室大門內設屏牆，管仲的公館也設屏牆；國君宴請友邦貴賓，在堂上設有放置酒杯的土台，管仲也設置這樣的土台。管仲如果算是懂禮，那麼還有誰是不懂禮的？」

【注釋】

管仲 名夷吾，字仲。輔佐齊桓公稱霸諸侯。 **歸** 指居住的處所。 **攝** 兼職。

樹 建造。 **塞門** 屏牆。 **坫** 此指國君進餐時專門用來放酒杯的土台。古代兩君相會，主人酌酒進賓，飯畢，置空爵於坫上，曰反坫。

3.23

子語魯大師樂，曰：「樂其可知也。始作，翕如也；從之，純如也，皦如也，繹如也。以成。」

【譯文】

孔子與魯國樂官談音樂，說：「奏樂的道理是可以知道的。開始演奏時，和諧協調；樂曲展開以後，聲音美好，節奏分明，餘音裊裊不絕，直至演奏結束。」

【注釋】

語 告訴。 **大師** 也寫作太師，樂官之長。 **其** 副詞，表示論斷，相當於「乃」。 **翕** 和諧。 **如** 助詞，在形容詞後相當於「然」。 **純** 美好。 **皦** 音節分明。 **繹** 連綿不斷。 **以成** 而後結束。

3.24

儀封人請見，曰：「君子之至於斯也，吾未嘗不得見也。」從者見之。出曰：「二三子，何患於喪乎？天下之無道也久矣，天將以夫子為木鐸。」

【譯文】

守儀城的官員求見孔子，說：「有學問品德的君子來到這裡，我從來沒有見不到的。」跟隨孔子的學生讓他見了孔子。他出來後，說：「你們為什麼要擔心失去官位呢？天下失去正道已經很久了，天將會以你們的老師為教化百姓的木鐸。」

【注釋】

儀 衛地名，今河南開封附近。 **封人** 典守邊界的官。 **木鐸** 金口木舌，敲起來不像金鐸那般尖銳，在古代用來宣傳政令和教化，施政時所振，以驚眾也。

3.25

子謂〈韶〉：「盡美矣，又盡善也。」謂〈武〉：「盡美矣，未盡善也。」

【譯文】

孔子談到〈韶〉樂時，說：「美極了，而且善得無以復加。」評論〈武〉樂時，說：「夠美了，但還不夠好。」

【注釋】

〈韶〉 古代歌頌舜的音樂。 **〈武〉** 古代歌頌周武王的音樂。 **盡美** 指聲容之盛。 **未盡善** 指孔子認為周武王在德行方面不及舜。

3.26

子曰：「居上不寬，為禮不敬，臨喪不哀，吾何以觀之哉？」

【譯文】

孔子說：「在上位的人，沒有寬宏的度量，行禮的時候不能敬謹，對喪事不表哀戚，這人已失其根本，則無以觀察其品德的高低了！」

【注釋】

居上 在上位的人。 **臨喪** 辦喪事或到喪家致祭。

里仁篇

4.1 子曰：「里仁為美。擇不處仁，焉得知？」

【譯文】

孔子說：「居住在民風淳厚的地方是最理想的。一個人選擇住處，不住在有仁德的地方，怎麼算得上明智呢？」

【注釋】

里 居。 **里仁** 仁者之所居處。 **焉** 猶安也。

4.2 子曰：「不仁者，不可以久處約，不可以長處樂。仁者安仁，知者利仁。」

【譯文】

孔子說：「沒有仁德的人，不能長久地處在貧困中，也不能長久地處在順境中。有仁德的人安於仁道，智者則是知道仁對自己有利，才去行仁的。」

【注釋】

約 貧困。 **利** 貪也。 **利仁** 知仁為利而行之。

4.3

子曰：「唯仁者，能好人，能惡人。」

【譯文】

孔子說：「只有仁人可以做到喜愛好人，厭惡壞人。」

【注釋】

仁者 本章強調仁者的公正無私。 **好** 喜好。 **惡** 厭惡。

4.4

子曰：「苟志於仁矣，無惡也。」

【譯文】

孔子說：「只要立志行仁，就不會做壞事。」

【注釋】

苟 誠也。 **志於仁** 立志走上個人的人生正途。

4.5

子曰：「富與貴，是人之所欲也；不以其道得之，不處也。貧與賤，是人之所惡也；不以其道得之，不去也。君子去仁，惡乎成名？君子無終食之間違仁，造次必於是，顛沛必於是。」

【譯文】

孔子說：「富貴是每個人都想要的，但若不該得到而得到了，君子是不會接受的。貧賤是每個人都討厭的，如果不該得到而得到了，他是不會逃避的。君子若離開仁道，憑什麼成就他的名聲呢？君子不會有片刻時間脫離仁道的，在匆忙急迫時是如此，流離困頓時也是如此。」

【注釋】

去 離棄。 **惡乎** 疑問代詞。猶言何所。 **終食之間** 一頓飯的時間。比喻極短暫。

造次 倉促、緊迫。 **顛沛** 比喻世道衰亂或人事挫折。

4.6
子曰：「我未見好仁者，惡不仁者。好仁者，無以尚之；惡不仁者，其為仁矣，不使不仁者加乎其身。有能一日用其力於仁矣乎？我未見力不足者。蓋有之矣，我未之見也！」

【譯文】

孔子說：「我沒有見過愛好仁德的人，也沒有見過厭惡不仁的人。愛好仁德的人，認為仁德至高無上；厭惡不仁的人，不沾惹那些不仁的事。有能夠一天盡心為仁道的人嗎？我還沒見過力量不夠的。或許有，只是我沒見過罷了。」

【注釋】

無以尚之 沒有什麼可以拿來勝過他的。　**蓋** 大概。

4.7

子曰：「人之過也，各於其黨。觀過，斯知仁矣。」

【譯文】

孔子說：「人的過失，各有其類別。觀人之過，能隨類而責，不一概而論。只要觀察他所犯的過失，便可以知道他的內心是仁或不仁了。」

【注釋】

黨 一作黨類。

4.8

子曰：「朝聞道，夕死可矣！」

【譯文】

孔子說：「早上悟得人生真理，就算當晚要死也無妨！」

【注釋】

朝 早上。**聞** 領悟。**道** 指仁道。

4.9

子曰：「士志於道，而恥惡衣惡食者，未足與議也。」

【譯文】

孔子說：「讀書人立志追求人生真理，卻以簡陋的衣服和粗糙的食物為恥，那就不值得與他談論什麼道理了。」

【注釋】

志 心有所專。 **恥** 羞恥，難為情。 **惡衣惡食** 泛稱生活清苦，穿破衣，吃粗茶淡飯。惡，粗劣。

4.10

子曰：「君子之於天下也，無適也，無莫也，義之與比。」

【譯文】

孔子說：「君子立身處世於天下，無所貪慕，無所排拒，一切按道義行事。」

【注釋】

適 專主。 **莫** 疏遠、否定。 **比** 依從。

4.11

子曰：「君子懷德，小人懷土。君子懷刑，小人懷惠。」

【譯文】

孔子說：「君子終日所思的，是如何進德修業，小人關心的是求田問舍。君子關心行為是否合乎規範，小人則唯利是圖。」

【注釋】

懷 思念。 **土** 指產業。 **惠** 利潤，恩惠。

4.12

子曰：「放於利而行，多怨。」

【譯文】

孔子說：「做人處事全以利益來考量，會招致許多怨恨。」

【注釋】

放 依據。 **怨** 怨恨。

4.13

子曰：「能以禮讓為國乎，何有？不能以禮讓為國，如禮何？」

【譯文】

孔子說：「能夠用禮讓原則來治理國家，那有什麼困難呢？不能用禮讓來治國，禮制又能怎麼樣呢？」

【注釋】

何有 何難之有。　**國** 孔子時代的「國」都是諸侯國，有兄弟之邦的情誼。

4.14

子曰：「不患無位，患所以立。不患莫己知，求為可知也。」

【譯文】

孔子說：「不必擔心自己沒有官職，只擔心自己的才德是否已經俱備。不擔心沒有人知道自己，只要求自己有可以被人了解的才德。」

【注釋】

患 憂慮。　**所以** 用以。　**莫己知** 沒有人知道我，即「莫知己」。

4.15
子曰：「參乎，吾道一以貫之。」曾子曰：「唯。」子出，門人問曰：「何謂也？」曾子曰：「夫子之道，忠恕而已矣！」

【譯文】

孔子說：「參啊，我的人生觀是由一個基本的思想貫穿起來的。」曾子說：「的確如此。」孔子出去之後，同學便問曾子：「老師說的是什麼意思？」曾子說：「老師的人生觀，就是忠與恕罷了。」

【注釋】

參 曾參，字子輿，生於西元前五〇五年，春秋末期魯國人，比孔子小四十六歲。世稱曾子，宗聖。 **貫** 通也。 **唯** 毫不猶豫地回答。 **而已矣** 句末語助詞。罷了。

4.16

子曰：「君子喻於義，小人喻於利。」

【譯文】

孔子說：「君子通曉義理，小人只懂私利。」

【注釋】

喻 懂得。　**義** 天理、正義。　**利** 人情之所欲，滿足利益的欲望。

4.17

子曰：「見賢思齊焉，見不賢而內自省也。」

【譯文】

孔子說：「看到賢德的人，就想和他一樣，看到德行虧損的人，便自我反省。」

【注釋】

賢 指傑出。　**齊** 看齊。　**自省** 自我反省。

4.18

子曰：「事父母幾諫，見志不從，又敬不違，勞而不怨。」

【譯文】

孔子說：「父母有錯，要好言相勸，看到自己的心意沒有被接受，仍要恭敬地不觸犯他們，內心雖憂慮卻不抱怨。」

【注釋】

幾 婉轉。　**志** 心意。　**不違** 指不停止勸諫。

4.19

子曰：「父母在，不遠遊，遊必有方。」

【譯文】

孔子說：「父母在世的時候，子女不出遠門，若必須要遠遊，也要告知去處。」

【注釋】

不遠遊 古代安土重遷，且因交通不便，平常不太遠離家鄉。 **方** 此指方向、地方、處所。

4.20

子曰：「三年無改於父之道，可謂孝矣。」

【譯文】

孔子說：「三年不改變父親所立的規矩，就可以說是孝順了。」

（此章已見於〈學而篇〉第十一章，當是重出。）

4.21

子曰：「父母之年，不可不知也。一則以喜，一則以懼。」

【譯文】

孔子說：「父母的年紀，做子女的不能不記得。一方面為他們的高壽而高興，一方面為他們日漸老邁而憂慮。」

【注釋】

年 年齡。 **以** 因此。

4.22

子曰：「古者言之不出，恥躬之不逮也。」

【譯文】

孔子說：「古人不輕易開口，是怕自己說到做不到。」

【注釋】

躬 自身。 **逮** 做到。

4.23

子曰：「以約失之者，鮮矣！」

【譯文】

孔子說：「能自我約束而在言行上有什麼過失，那是很少有的。」

【注釋】

約 一指生活的儉約，一指行為的約束。 **鮮** 很少。

4.24

子曰：「君子欲訥於言，而敏於行。」

【譯文】

孔子說：「君子要言談慎重而做事敏捷。」

【注釋】

訥於言 指言語遲鈍。 **敏** 敏捷、快速。

4.25

子曰：「德不孤，必有鄰。」

【譯文】

孔子說：「品德高尚的人是不會孤單的，必定會有支持者。」

【注釋】

德 德行。**鄰** 鄰居。此指親近與支持者。

4.26

子游曰：「事君數，斯辱矣。朋友數，斯疏矣。」

【譯文】

孔子說：「侍奉君上過於煩瑣，就會招來侮辱。與朋友交際太煩瑣，反而會被疏遠。」

【注釋】

數 頻繁。**辱** 指自取其辱。

公冶長篇

5.1

子謂公冶長，「可妻也，雖在縲絏之中，非其罪也。」以其子妻之。

【譯文】

孔子談到公冶長，說：「可以把女兒嫁給他。雖然曾有牢獄之災，但不是他的罪過。」孔子把女兒嫁給了他。

【注釋】

公冶長 名長，字子長、子芝。春秋時齊國人，亦說魯國人。生於西元前五一九年。為孔子弟子，七十二賢之一。相傳通鳥語，並因此無辜獲罪。他是孔子的女婿，繼承孔子遺志，教學育人，成為著名文士。 **縲絏** 古代的刑具，用來綁犯人的手腳。這裡引申為牢獄之災。 **子** 古代男女通稱，這裡指女兒。

5.2 子謂南容，「邦有道，不廢；邦無道，免於刑戮。」以其兄之子妻之。

【譯文】

孔子談到南容，說：「國家政治清明，他不會沒有官位；國家政治昏昧，他可以免於刑戮，保住身家性命。」孔子把哥哥的女兒嫁給了他。

【注釋】

南容 孔子的學生，姓南宮，名括，字子容。春秋時魯國人。一說他是孟孫家的子弟。

兄 孔子同父異母的哥哥孟皮。

5.3

子謂子賤，「君子哉若人！魯無君子者，斯焉取斯？」

【譯文】

孔子評論子賤說：「這個人真是個君子呀！如果魯國沒有君子的話，他是從哪裡學到這種品德的呢？」

【注釋】

子賤 姓宓，名不齊，字子賤。生於西元前五二一年，比孔子小四十九歲。 **若人** 此人。 **斯** 第一個斯指子賤，後指品德。

5.4

子貢問曰：「賜也何如？」子曰：「女，器也。」曰：「何器也？」曰：「瑚璉也。」

【譯文】

子貢請教老師說：「賜的表現如何？」孔子說：「你好比一種器皿。」子貢說：「什麼器皿？」孔子道：「是宗廟裡貴重的瑚璉。」

【注釋】

賜 子貢姓端木名賜。 **女** 同「汝」。 **瑚璉** 宗廟中盛黍稷的禮器，貴重華美。此指子貢是一個可以成大器的人。

5.5

或曰：「雍也，仁而不佞。」子曰：「焉用佞？禦人以口給，屢憎於人。不知其仁，焉用佞？」

【譯文】

有人說：「雍這個人，有仁德卻沒有口才。」孔子說：「何必要有口才呢？靠利口巧辯來應付人，常常被人討厭。我不知道他是不是行仁，但何必需要口才善巧呢？」

【注釋】

雍 冉雍，字仲弓，魯國人，比孔子小二十九歲。排名德行科第四，另外三人是顏淵、閔子騫、冉伯牛。 **佞** 能言善辯。 **禦** 抵擋。 **口給** 嘴快話多。

5.6

子使漆雕開仕。對曰：「吾斯之未能信。」子說。

【譯文】

孔子叫漆雕開去做官，他答道：「我對做官這件事還沒有信心。」孔子聽了很欣慰。

【注釋】

漆雕開 姓漆雕，名啟，字子開，生於西元前五四〇年，春秋時魯國人。無罪受刑而致身殘，為人謙和而有自尊，博覽群書，在孔門中以德行著稱。 **信** 自信。 **說** 同「悅」。

5.7 子曰：「道不行，乘桴浮於海，從我者，其由與？」子路聞之喜。子曰：「由也，好勇過我，無所取材。」

【譯文】

孔子說：「我的理想沒有機會實現，不如乘坐木筏到海外去，跟隨我的大概就是仲由吧？」子路聽了很高興。孔子說：「由呀，你好勇的精神超越我，就是不能裁度事理。」

【注釋】

桴 木筏。 **從** 跟隨。 **由** 指仲由，也就是子路。孔子憂世傷時，感歎不如出國算了，憨直粗野的子路喜形於色，孔子反為他的坦率直接感到擔心。 **無所取材** 朱熹曰：「材與裁同。譏其不能裁度事理，以適於義也。」

5.8

孟武伯問：「子路仁乎？」子曰：「不知也。」又問。子曰：「由也，千乘之國，可使治其賦也，不知其仁也。」「求也何如？」子曰：「求也，千室之邑，百乘之家，可使為之宰也，不知其仁也。」「赤也何如？」子曰：「赤也，束帶立於朝，可使與賓客言也，不知其仁也。」

【譯文】

孟武伯問：「子路的品行到達仁的境界了嗎？」孔子說：「我不知道。」孟武伯又問。孔子說：「由，一個諸侯之國可以派他帶領軍隊，但我不知道他是否可以行仁。」孟武伯接著問冉求怎麼樣？孔子說：「求，一個卿大夫的領地可以派他擔任家臣，但我不知道他是否可以行仁。」孟武伯再問赤怎麼樣？孔子說：「赤，穿戴整齊，可以派他在朝廷上與貴賓談話，但我不知道他是否可以行仁。」

【注釋】

賦 兵也。古時按田賦出兵，故稱兵為賦。**宰** 家臣的長官。**赤** 孔子的學生，姓公西，名赤，字子華。魯國人。比孔子小四十二歲。**束** 古者居官，朝服必加帶，所以整束其衣。

5.9

子謂子貢曰：「女與回也孰愈？」對曰：「賜也何敢望回！回也聞一以知十，賜也聞一以知二。」子曰：「弗如也，吾與女弗如也。」

【譯文】

孔子對子貢說：「你和顏回誰比較優秀？」子貢回答說：「賜怎敢和回相比呢？回聽到一個道理可以領悟十個相關的道理，賜聽到一個道理只能領悟兩個相關的道理。」孔子說：「你的確不如顏回，我和你一樣不如他呀！」

【注釋】

女 即「汝」。　**孰** 誰。　**愈** 勝也。　**何敢** 那裡敢。　**望** 比較。　**弗如** 不如。

5.10
宰予晝寢。子曰：「朽木不可雕也，糞土之牆不可杇也。於予與何誅？」子曰：「始吾於人也，聽其言而信其行；今吾於人也，聽其言而觀其行。於予與改是！」

【譯文】

宰予白天睡覺。孔子說：「腐朽的木頭沒法用來雕刻，用廢土築成的牆難以粉飾。我對予有什麼好責怪的呢？」孔子又說：「過去我對待別人，聽到他的說法就相信他的行為；現在，聽到他的說法還要觀察他的行為。我是看到宰予的例子才改變的。」

【注釋】

杇 泥工抹牆的工具。此用作動詞，塗抹的意思。　**與** 語氣詞，同「歟」。

5.11

子曰：「吾未見剛者。」或對曰：「申棖。」子曰：「棖也欲，焉得剛？」

【譯文】

孔子說：「我不曾見過剛強的人。」有人回答說：「申棖就是。」孔子說：「棖的欲望多，哪裡能夠剛強？」

【注釋】

申棖 字周，春秋時魯國人，精通六藝，孔門七十二賢人之一。唐開元二十七年追封為「魯伯」。**剛** 指正直無私欲。有了私欲，就容易為名利所惑，再也剛強不起來。「無欲則剛」就是這個道理。

5.12

子貢曰：「我不欲人之加諸我也，吾亦欲無加諸人。」子曰：「賜也，非爾所及也。」

【譯文】

子貢說：「我不願別人加諸在我身上的，我也希望自己不要加在別人身上。」孔子說：「賜，這還不是你做得到的。」

【注釋】

加 有欺侮、侵犯之意。 **諸** 之於。

5.13

子貢曰：「夫子之文章，可得而聞也；夫子之言性與天道，不可得而聞也。」

【譯文】

子貢說：「老師講授的知識，可以聽得到；老師講授的人性和天命，光憑耳聞是學不到的。」

【注釋】

文章 這裡指孔子傳授的《詩》、《書》、《禮》、《樂》。 **性** 人性。 **天道** 天命。

5.14

子路有聞，未之能行，唯恐有聞。

【譯文】

子路聽了做人處事的道理，還沒有能夠去實行它，就怕又聽到新的道理。

【注釋】

有聞 有所聽聞。第二個「有」通「又」。

5.15

子貢問曰：「孔文子何以謂之文也？」子曰：「敏而好學，不恥下問，是以謂之文也。」

【譯文】

子貢問道：「孔文子憑什麼得到『文』的謚號呢？」孔子說：「他聰敏且好學，不以向人請教為可恥，所以得到『文』的謚號。」

【注釋】

孔文子 名圉，衛國的大夫。死後被授予「文」的謚號。 **敏** 聰明。 **下** 指身分比自己低、年齡比自己輕。

5.16 子謂子產：「有君子之道四焉：其行己也恭，其事上也敬，其養民也惠，其使民也義。」

【譯文】

孔子評論子產，說：「他有四種行為合乎君子的作風：容貌態度保持恭敬，服侍君上出於誠敬，照顧百姓廣施恩惠，役使百姓合於分寸。」

【注釋】

子產 鄭國大夫，原名公孫僑，擔任鄭國卿相二十二年，是春秋時代傑出的政治家。

5.17 子曰：「晏平仲善與人交，久而敬之。」

【譯文】

孔子說：「晏平仲善於與人交往，交往越久，越受人尊敬。」

【注釋】

晏平仲 齊國大夫晏嬰，字仲，諡號「平」。

5.18

子曰：「臧文仲居蔡，山節藻棁，何如其知也？」

【譯文】

孔子說：「臧文仲養大龜的屋子裡，有山形斗拱、藻紋梁柱，這怎麼算得上大家所說的明智呢？」

【注釋】

臧文仲 魯國大夫，姓臧孫，名辰，字仲，「文」是謚號。 **蔡** 古代國君用大龜來占卜，蔡國專門出產烏龜，故用「蔡」代稱烏龜。 **山節** 山形的斗拱。 **藻棁** 畫了水草的柱子。 **何如其知也** 山節藻棁是天子的廟飾，臧文仲奢華越禮的行為，竟有人稱讚，故孔子批評之。

5.19 子張問曰：「令尹子文三仕為令尹，無喜色；三已之，無慍色。舊令尹之政，必以告新令尹。何如？」子曰：「忠矣。」曰：「仁矣乎？」曰：「未知，焉得仁？」「崔子弒齊君，陳文子有馬十乘，棄而違之，至於他邦，則曰：『猶吾大夫崔子也！』違之，之一邦，則又曰：『猶吾大夫崔子也！』違之。何如？」子曰：「清矣。」曰：「仁矣乎？」子曰：「未知，焉得仁？」

【譯文】

子張問：「楚國的宰相子文，多次出任宰相，沒有露出喜悅的神色；多次去職，沒有露出不悅的神色。每次去職一定把政務告訴接位的宰相。這個人怎麼樣？」孔子說：「算是盡忠職守的了。」子張說：「他算不算仁呢？」孔子說：「不曉得。這怎麼能算是仁呢？」子張又問：「崔杼以下犯上，殺了齊莊公，陳文子有四十匹馬，捨棄不要而離開齊國。到了別的國家，不久發現執政者與大夫崔子差不多，再度離開；到了另一個國家，不久又發現執政者與大夫崔子差不多，然後又再離開。這個人怎麼樣？」孔子說：「算是潔身自愛的了。」子張說：「他算不算仁呢？」孔子說：「不曉得。這怎麼能算是仁呢？」

【注釋】

令尹 楚國的官名，相當於宰相。 **子文** 楚國子文，姓鬬，名穀於菟，後做到楚國的上卿。 **三已** 三，指多次。已，罷免。 **崔子** 齊國大夫崔杼，弒殺齊莊公。 **陳文子** 齊國大夫。崔杼殺齊莊公後，陳文子就放棄權位離開齊國。 **十乘** 四匹馬為一乘，十乘即四十匹馬，此指陳文子寧願放棄貴重家產，也不願與弒君犯上的作亂者共事。 **焉得仁** 令尹子文盡忠職守，陳文子清高自持，孔子還是不許之為仁，可見孔子從不輕易說一個人合乎仁的要求。

5.20

季文子三思而後行。子聞之，曰：「再，斯可矣！」

【譯文】

季文子每做一件事都要再三考慮。孔子聽到這件事，說：「考慮兩次也就行了。」

【注釋】

季文子 魯國大夫，姓季孫，名父，諡「文」。他在孔子出生前十三年便已過世。

5.21

子曰：「甯武子，邦有道，則知；邦無道，則愚。其知可及也，其愚不可及也。」

【譯文】

孔子說：「甯武子在國家太平時，顯得很聰明；在國家動亂時，就裝傻。他的聰明別人可以趕得上，他的裝傻，別人就趕不上了。」

【注釋】

甯武子 衛國大夫，姓甯，名俞，諡「武」。曾事奉兩位國君，衛文公有道，衛成公時則國家無道。

5.22

子在陳曰：「歸與！歸與！吾黨之小子狂簡，斐然成章，不知所以裁之！」

【譯文】

孔子在陳國時，說：「回去吧！回去吧！我家鄉的學生們，志向遠大，奮發進取，基本修養和文采已頗為可觀，只是還不知道裁度事理的原則。」

【注釋】

陳 春秋時國名，今河南東部、安徽北部。春秋末年為楚國所滅。孔子周遊列國期間，曾被困於陳國與蔡國之間，窮困之際，有了不如歸去的想法。**吾黨小子** 指門人之在魯者。**狂簡** 志大而略於事也，指志向高遠。**斐然成章** 形容言語或文章富有文采，且成章法。**裁** 裁度。

5.23

子曰：「伯夷、叔齊，不念舊惡，怨是用希。」

【譯文】

孔子說：「伯夷與叔齊，不記人家過去的惡行，別人對他們的怨恨也就很少。」

【注釋】

伯夷、叔齊 殷商時代孤竹國國君的兩個兒子，父死，互相讓位，誰都不肯繼位，逃到西邊的西昌伯那裡。周武王起兵伐紂，伯夷、叔齊反對，認為商朝是不可移異的正統。武王統一天下，兄弟二人不食周粟，餓死在首陽山。事見《史記・伯夷列傳》。 **希** 同「稀」。

5.24

子曰：「孰謂微生高直？或乞醯焉，乞諸其鄰而與之。」

【譯文】

孔子說：「誰說微生高正直？有人向他要一點醋，他卻向鄰居要來給人。」

【注釋】

微生高 魯國人，姓微生，名高。 **直** 正直。孔子認為微生高不應向鄰居要醋來轉贈，那樣有邀譽討好的嫌疑。 **醯** 醋。

5.25

子曰：「巧言、令色、足恭，左丘明恥之，丘亦恥之。匿怨而友其人，左丘明恥之，丘亦恥之。」

【譯文】

孔子說：「說話動聽，表情討好，過分的恭順，左丘明瞧不起他，我也認為他可恥。內心怨恨一個人，表面上卻繼續與他交往，左丘明認為這樣的行為可恥，我也認為可恥。」

【注釋】

足恭 過分恭敬。 **左丘明** 魯國賢人，姓左丘，名明，相傳是《左傳》、《國語》二書的作者。 **丘** 孔子名丘，字仲尼，他講自己的時候自稱「丘」。 **匿怨** 把怨恨藏在心中。

5.26

顏淵、季路侍。子曰：「盍各言爾志？」子路曰：「願車馬、衣輕裘，與朋友共，敝之而無憾。」顏淵曰：「願無伐善，無施勞。」子路曰：「願聞子之志。」子曰：「老者安之，朋友信之，少者懷之。」

【譯文】

顏回、子路侍立在孔子身旁。孔子說：「何不各自談談你們的志向呢？」

子路說：「我願將我的車馬、衣服和朋友共同享用，用壞了也不抱怨。」

顏淵說：「我希望做到不誇耀自己的優點，不表揚自己的功勞。」

子路說：「希望聽聽您的志向。」

孔子說：「我願老人安享晚年，朋友們互相信賴，青少年都得到照顧。」

【注釋】

侍 侍立。**盍** 何不。**裘** 皮衣。**敝** 損壞。**伐** 誇耀。**子** 古時男子的尊稱，這裡指孔子。

5.27 子曰：「已矣乎！吾未見能見其過，而內自訟者也。」

【譯文】

孔子說：「算了吧！我不曾見過能夠看見自己的過失，而內心自責的人。」

【注釋】

已矣乎 俗話說「算了吧」。 **過** 過失。 **訟** 咎責。

5.28 子曰：「十室之邑，必有忠信如丘者焉，不如丘之好學也。」

【譯文】

孔子說：「就是在十戶人家的小地方，也一定有做事盡責，又講信用的人，只是不如我好學而已。」

【注釋】

忠信 忠指做事盡責認真，信指說話算話。

雍也篇

6.1

子曰：「雍也，可使南面。」

【譯文】

孔子說：「雍這個人啊，可以勝任諸侯國的卿相職位。」

【注釋】

雍 冉雍，字仲弓，春秋末年魯國人，生於西元前五二二年。孔門十哲之一，以德行著稱。**南面** 古代以坐北朝南為尊，意味天子面向南方治理百姓。

6.2

仲弓問子桑伯子。子曰：「可也，簡。」仲弓曰：「居敬而行簡，以臨其民，不亦可乎？居簡而行簡，無乃大簡乎？」子曰：「雍之言然。」

【譯文】

仲弓問子桑伯子這個人怎樣。孔子說：「還行，這個人做事簡單明瞭。」仲弓接著說：「居心敬謹而做事爽快，像這樣推行政令、治理人民，不也是很好嗎？假使居心簡慢做事草率，不是太隨便了嗎？」孔子說：「你說得對。」

【注釋】

子桑伯子 子桑伯子，姓桑，名雩，是一位隱士。第一個「子」字，是學生尊稱老師所用的；最後的「子」字，是古代對男子的美稱。子桑伯子會見客人時，仿效夷狄、裸露上身，不注重外表的禮儀。 **居** 自處。 **臨** 上位對下位，亦即治理人民。 **無乃** 恐怕。 **然** 「對」的意思。

6.3

哀公問：「弟子孰為好學？」孔子對曰：「有顏回者好學，不遷怒，不貳過，不幸短命死矣！今也則亡，未聞好學者也。」

【譯文】

哀公問：「你的學生裡誰是最好學的？」孔子說：「有一位叫顏回的好學，他不遷怒別人，也從不再犯同樣的錯誤，可惜不幸短命死了。現在沒有這樣的學生了，沒有聽說好學的人了。」

【注釋】

哀公 指魯哀公。 **貳** 重複。 **短命** 顏淵得年四十，孔子覺得很可惜。 **亡** 同「無」。

6.4

子華使於齊，冉子為其母請粟。子曰：「與之釜。」請益，曰：「與之庾。」冉子與之粟五秉。子曰：「赤之適齊也，乘肥馬，衣輕裘，吾聞之也：君子周急不繼富。」

【譯文】

子華出使齊國，冉子為子華之母向孔子請粟。孔子說：「給他母親六斗四升。」冉子嫌少，請加一些，孔子說：「再給他二斗四升。」結果冉子給了他八百斗。孔子說：「赤到齊國去，乘肥馬衣輕裘，足見其富有。我聽過這樣的話呀：君子只濟助窮困，而不去添加財富給富人。」

【注釋】

子華 孔子的弟子公西赤，字子華。孔子做魯國司寇時，代行相國之事，派他出差到齊國。 **釜** 數量的單位詞，馬融注：「六斗四升曰釜。」 **庾** 亦為量詞，戴震《論語補注》：「二斗四升曰庾。」 **秉** 馬融注：「十六斛為秉，五秉合為八十斛。」 **適** 到。 **周急** 周通「賙」，救濟之意。周急就是救人急難。 **繼富** 以財物給富有之人，使其富上加富。

6.5

原思為之宰，與之粟九百。辭。子曰：「毋！以與爾鄰里鄉黨乎！」

【譯文】

原思為孔子家的總管，孔子給他九百斗小米為俸祿，他不肯接受。孔子說：「不要推辭。你如有多餘，可贈與你的鄰里鄉黨。」

【注釋】

原思為之宰 孔子的弟子原憲，字子思。孔子為魯司寇時，以原思為家邑宰。 **九百** 九百斗。 **辭** 辭讓不受。 **鄰里鄉黨** 古代五家為鄰，二十五家為里，五百家為黨，一萬二千五百家為鄉。

6.6
子謂仲弓曰：「犁牛之子，騂且角，雖欲勿用，山川其舍諸？」

【譯文】
孔子談到仲弓時說：「耕牛所生的小犢，毛色純赤且頭角端正，就算不想用牠來祭祀，山川之神也不會答應。」

【注釋】
犁牛 毛色駁雜之牛，即耕牛。喻指仲弓的出身很平凡。**騂** 紅色。周代尚赤，祭天、祭祖、祭山川時所用的祭牛，都用赤色的牛，而不用耕牛。

6.7 子曰：「回也，其心三月不違仁，其餘，則日月至焉而已矣。」

【譯文】

孔子說：「顏回啊，他的內心能長久不離仁德，其他的人只能十天半個月偶然做到。」

【注釋】

三月 指較長的時間。 **日月** 指較短的時間。

6.8
季康子問：「仲由可使從政也與？」子曰：「由也果，於從政乎何有？」曰：「賜也可使從政也與？」曰：「賜也達，於從政乎何有？」曰：「求也可使從政也與？」曰：「求也藝，於從政乎何有？」

【譯文】

季康子請教，可以讓仲由擔任大夫嗎？孔子說：「仲由勇敢果決，擔任大夫有什麼問題呢？」季康子接著問，可以讓賜擔任大夫嗎？孔子說：「賜通達事理，擔任大夫有什麼困難呢？」再問可以讓冉求擔任大夫嗎？孔子說：「冉求多才多藝，擔任大夫有什麼問題呢？」

【注釋】

季康子 魯國三家大夫之首，名肥，諡號「康」，掌握魯國的執政大權。 **仲由** 姓仲，名由，字子路，是孔門的大弟子，比孔子小九歲。 **從政** 古代治國，天子稱為「為政」，一般的卿稱「執政」，大夫為「從政」。 **果** 果敢有決斷力。 **何有**

反問的語氣，表示有什麼問題嗎？ **賜** 複姓端木，名賜，字子貢。衛國人，是孔門中言語科的高材生，善於經商，富可敵國。 **求** 冉求，字子有，少孔子二十九歲。冉求精通禮、樂、射、御、書、數六藝，才能出眾。

6.9

季氏使閔子騫為費宰。閔子騫曰：「善為我辭焉，如有復我者，則吾必在汶上矣。」

【譯文】

季氏請閔子騫當費邑的縣長，閔子騫對傳達的人說：「請替我婉言謝絕了吧！如果再有人請我，我就逃到汶水以北去。」

【注釋】

閔子騫 孔子的學生。姓閔，名損，字子騫。魯國人，比孔子小十五歲。 **費** 音「必」，故城在今山東費縣西北，當時是季氏的私邑。 **復** 重也。季氏當時在魯國執政，僭越禮法，所以閔子騫不願助紂為虐。 **汶** 魯國的界河。汶上，就是汶水之北，當時借指齊國之地。

6.10

伯牛有疾。子問之，自牖執其手，曰：「亡之，命矣夫！斯人也，而有斯疾也！斯人也，而有斯疾也！」

【譯文】

伯牛生病，孔子去慰問，從窗口握著他的手，說：「將要失去他了，這是天命啊！這樣好的人怎麼會得這樣的病！這樣好的人怎會得這樣的病！」

【注釋】

伯牛 孔子的學生。姓冉名耕字伯牛。魯國人，比孔子小七歲。孔子在魯國作司寇時，曾派伯牛作中都宰，周遊列國時，伯牛也始終相隨，歸魯後，伯牛得了惡疾，一病不起，孔子很傷心。 **有疾** 患有痛苦難治的疾病。 **問** 為表示關切而探望。 **牖** 窗戶。 **亡** 也有人以為「亡之」的「亡」同「無」，「亡之」就是「沒有這個道理」。 **夫** 音「服」，語氣詞，其意相當於「吧」。 **斯人** 這樣的人，指伯牛的德行好。 **斯疾** 這樣的疾病，指痛苦難治的疾病。

6.11

子曰：「賢哉回也！一簞食，一瓢飲，在陋巷，人不堪其憂，回也不改其樂。賢哉回也！」

【譯文】

孔子說：「回的德行真好呀！一竹筐飯，一瓜瓢水，住在破舊的小屋裡，別人不能忍受這樣的憂苦，回卻不改變他生活的快樂。回的德行真好呀！」

【注釋】

簞 古代盛飯用的竹器。　**陋巷** 即陋室。里中道謂之巷，人所居亦謂之巷。　**樂** 樂於學。

6.12

冉求曰：「非不說子之道，力不足也。」子曰：「力不足者，中道而廢，今女畫。」

【譯文】

冉求說：「我不是不喜歡老師您所講的道，而是我的能力不夠呀！」孔子說：「能力不夠的人，走到半路便停下來，現在你卻是畫地自限，不想前進。」

【注釋】

說 同「悅」。 **女** 同「汝」。 **畫** 劃定界線，停止前進。

6.13

子謂子夏曰：「女為君子儒，無為小人儒。」

【譯文】

孔子對子夏說：「你要做一個有操守的儒雅之士，而不要做一個表面儒雅，實則卑鄙的人。」

【注釋】

夏 姓名卜商，字子夏，衛國人，孔子晚年所收的優秀學生之一。出身貧賤，學問紮實，擅長文學。 **儒** 原指有道術的士。道術兼指學識和技能而言，士介於卿大夫和平民之間。孔子教的學生，泛稱為儒，所學各有所長。 **無** 同「毋」，不要。

6.14

子游為武城宰。子曰：「女得人焉爾乎？」曰：「有澹臺滅明者，行不由徑，非公事，未嘗至於偃之室也。」

【譯文】

子游做了武城的長官。孔子說：「你在那裡發現人才沒有？」子游回答說：「有一個叫澹臺滅明的人，從來不走小路捷徑，若沒有公事，也從不到我屋子裡來。」

【注釋】

武城 魯國的小城邑，在今山東費縣境內。 **焉爾乎** 此三個字都是語助詞。 **澹臺滅明** 姓澹臺，名滅明，字子羽，武城人，孔子弟子，比孔子小三十九歲。「以貌取人，失之子羽」，說的就是澹臺滅明，因為據說他相貌不夠堂皇，若以貌取人，便會錯失真正的人才。 **徑** 小路，引申為邪路。 **偃** 言偃，即子游，這是他自稱其名。

6.15

子曰：「孟之反不伐，奔而殿，將入門，策其馬，曰：『非敢後也，馬不進也！』」

【譯文】

孔子說：「孟之反不自誇，打仗撤退時，主動在後面掩護，剛進城門，他策馬快速通過歡迎隊伍，說：『不是我有膽走在最後，是馬跑不快。』」

【注釋】

孟之反 魯大夫，名側。有一次魯國和齊國發生戰爭，魯軍兵敗奔逃，孟之反殿後，抵抗敵人，卻說是馬不肯前。 **伐** 誇耀。 **奔** 敗走。 **殿** 殿後。

6.16

子曰：「不有祝鮀之佞，而有宋朝之美，難乎免於今之世矣。」

【譯文】

孔子說：「沒有祝鮀的口才，卻有宋國公子朝那樣的美貌，是很難免禍於當今社會的啊！」

【注釋】

祝 宗廟之官。在古代通常口才不差，才能佞於人。 **鮀** 衛大夫，字子魚，有口才。 **佞** 有巧言令色討好人之意。 **宋朝** 宋公子朝，是美男子。《左傳》昭公二十年、定公十四年曾記載他先後和衛襄公夫人宣姜、靈公夫人南子私通的故事。

6.17

子曰：「誰能出不由戶？何莫由斯道也！」

【譯文】

孔子說：「誰能夠出入不經過門戶呢？為什麼做人處事卻不經過我所講的正途呢？」

【注釋】

戶 古代單扇的門叫戶。這裡泛指門戶。　**何莫** 何不。　**斯道** 此道。

6.18 子曰：「質勝文則野，文勝質則史。文質彬彬，然後君子。」

【譯文】

孔子說：「質樸勝於文飾就會顯得粗野，文飾多於質樸就會流於虛浮。文飾與質樸得當，才算是君子。」

【注釋】

質 本質，自然的本性。 **文** 指後天學習到的文化。 **史** 古代官名，左史記言、右史記事。此指言辭華麗。 **彬彬** 搭配恰當。

6.19

子曰：「人之生也直，罔之生也幸而免。」

【譯文】

孔子說：「一個人的生存是由於正直，不正直的人也能生存，只是因為僥倖才免於災禍。」

【注釋】

生 存活。　**罔** 邪曲誣罔，不正直。　**幸** 倖也，僥倖苟活。　**免** 暫時避免劫難。

6.20

子曰：「知之者不如好之者，好之者不如樂之者。」

【譯文】

孔子說：「學習而知道做人處事的道理，不如進一步去喜愛這個道理，喜愛這道理又比不上進一步去樂在其中。」

【注釋】

知之、好之、樂之 指學習的三個層次。

6.21

子曰：「中人以上，可以語上也；中人以下，不可以語上也。」

【譯文】

孔子說：「具有中等才智以上的人，可以給他講授高深的學問；中等才智以下的人自甘墮落，就沒辦法告訴他們高深的道理了。」

【注釋】

以上 而上。 **語** 告訴。

6.22

樊遲問知。子曰：「務民之義，敬鬼神而遠之，可謂知矣。」問仁。曰：「仁者先難而後獲，可謂仁矣。」

【譯文】

樊遲請教怎樣什麼是明智。孔子說：「專心做好為百姓服務該做的事，敬奉鬼神但保持適當的距離，這樣可以說是明智了。」又請教怎樣才是有仁德。孔子說：「行仁的人先去做別人認為艱難的事，最後才享受成功的快樂，這樣就可說是有仁德了。」

【注釋】

樊遲 姓樊名須，字子遲，亦稱樊遲，比孔子小三十六歲，齊國人，一說是魯國人。在受教於孔子期間，有一次向孔子請教種植五穀和蔬菜的事，被孔子斥為「小人」。 **務** 致力於。 **民之義** 就是《禮記・禮運》所說的人倫十義。義，該做的事。

6.23

子曰：「知者樂水，仁者樂山。知者動，仁者靜。知者樂，仁者壽。」

【譯文】

孔子說：「明智的人欣賞流水，行仁的人欣賞高山。明智的人周流無滯，與物推移，行仁的人性情沉靜，安穩厚重。明智的人常保喜樂，行仁的人得享天年。」

【注釋】

樂 喜好、欣賞。

6.24

子曰：「齊一變，至於魯；魯一變，至於道。」

【譯文】

孔子說：「齊國的制度經過改革，可以趕上魯國；魯國的制度經過改革，可以合於先王之道。」

【注釋】

道 此處指治國安邦的最高原則。齊、魯是周初所封的諸侯國，都在今山東境內。齊為太公之後，推行霸政；魯為周公之後，雖然兵力較弱，但仍保有周公崇禮尚義的餘風，故孔子認為魯國比齊國容易達到仁政王道的境地。

6.25

子曰：「觚不觚，觚哉！觚哉！」

【譯文】

孔子說：「酒器都不像個酒器了，這也算是酒杯嗎？這也算是酒杯嗎？」

【注釋】

觚 古代盛酒的禮器，形狀上圓而下方，有四個稜角，便於立足。容量一升的叫爵，容量二、三升的叫觚。音同「孤」，原有勸人少喝的意思。孔子慨嘆當今事物名不符實，主張正名。

6.26

宰我問曰：「仁者，雖告之曰：『井有仁焉。』其從之也？」子曰：「何為其然也？君子可逝也，不可陷也；可欺也，不可罔也。」

【譯文】

宰我問：「對於有仁德的人，別人告訴他有個仁慈的人落井了，他會跟著下去嗎？」孔子說：「他怎麼會這樣做呢？對於一個君子來說，你可以讓他到井邊去，卻不能讓他跳井；可以被欺騙，卻不可以盲目行動。」

【注釋】

仁 這裡指有仁德的人。 **逝** 往。此指到井邊去看並設法救之。 **陷** 陷入。

6.27

子曰：「君子博學於文，約之以禮，亦可以弗畔矣夫！」

【譯文】

孔子說：「君子廣泛地學習知識，並且以禮節來約束自己的言行舉止和態度，也就可以不違背正道了吧！」

【注釋】

文 典籍，例如六經、六藝等。 **約** 規範、約束。 **禮** 合於規矩，恭敬的態度或言行舉止的規範。 **弗** 不。 **畔** 同「叛」，偏離正道、背道而行。 **矣夫** 語氣詞，較強烈的感歎。

6.28

子見南子，子路不說。夫子矢之曰：「予所否者，天厭之！天厭之！」

【譯文】

孔子見了南子，子路很不高興。孔子說：「我如果做了錯事，老天會懲罰我的！老天會懲罰我的！」

【注釋】

南子 衛靈公夫人，掌握衛國政權，卻行為不檢點，名聲不好。**矢之** 矢通「誓」，「之」即聽眾，此處指子路。子路為人正直，以為南子淫名在外，孔子不該去見她，所以不高興。**否** 謂不合於禮，不由其道。**厭** 厭棄。

6.29

子曰：「中庸之為德也，其至矣乎！民鮮久矣！」

【譯文】

孔子說：「中庸作為一種道德標準，可算至高無上了！人們缺少這種道德已經為時很久了！」

【注釋】

中庸 恰到好處。 **鮮** 很少。

6.30

子貢曰：「如有博施於民，而能濟眾，何如？可謂仁乎？」子曰：「何事於仁，必也聖乎！堯舜其猶病諸！夫仁者，己欲立而立人，己欲達而達人。能近取譬，可謂仁之方也已。」

【譯文】

子貢說：「假若有一個人，他能給老百姓很多好處又能周濟大眾，怎麼樣？可以算是仁人了嗎？」孔子說：「豈止是仁人，簡直是聖人了！就連堯、舜尚且難以做到呢！至於仁人，就是要想自己安穩立足，也要幫助人家安穩立足；要想自己過得好，也要幫助人家一同過得好。凡事能就近以自己作比，而推己及人，可以說就是實行仁的方法了。」

【注釋】

眾 指眾人。 **堯舜** 傳說中上古時代的兩位帝王，也是孔子心目中的榜樣。 **病諸** 病，擔憂。諸，「之於」的合音。 **夫** 句首發語詞。 **能近取譬** 能夠就自身打比方，即推己及人的意思。 **方** 途徑，方法。

述而篇

7.1

子曰：「述而不作，信而好古，竊比於我老彭。」

【譯文】

孔子說：「傳述而不創作，相信而且喜好古代文化，我想自己很像商朝的老彭吧。」

【注釋】

述而不作 述，傳述。作，創造。**竊** 私下。此處是孔子對自己教學的謙稱。**老彭** 一說是殷商時代一位賢人，有的說是老子和彭祖兩個人，不可確考。孔子的祖先是商朝的後裔，「老彭」指殷商時代的賢大夫，似較合理。

7.2

子曰：「默而識之，學而不厭，誨人不倦，何有於我哉？」

【譯文】

孔子說：「默默記住所見所聞，認真學習而不厭煩，教導別人而不倦怠，這些事情對我來說有什麼難的呢？」

【注釋】

識 通「志」，就是把所見所聞記下來，再去存想、存思。

7.3 子曰：「德之不修，學之不講，聞義不能徙，不善不能改，是吾憂也。」

【譯文】

孔子說：「品德不好好修養，學問不精勤講習，聽到該做的事卻不能跟從，有不好的地方不能立刻改正，這些都是我所擔憂的呀！」

【注釋】

修 修養。 **徙** 遷移。此處指追隨。

7.4 子之燕居，申申如也，夭夭如也。

【譯文】

孔子平日閒暇時態度安穩，神情舒緩。

【注釋】

燕居 閒暇無事時。 **申申** 「申」字本義是腰伸直。申申是形容衣冠整潔、態度安穩的樣子。 **夭夭** 輕鬆舒適。

7.5

子曰：「甚矣吾衰也！久矣，吾不復夢見周公！」

【譯文】

孔子說：「我實在太衰老了，我很久都沒有夢見周公了！」

【注釋】

衰 衰老。 **復** 再。 **周公** 姓姬名旦，周文王的兒子，周武王的弟弟，成王的叔父，是西周典章制度的制定者，他是孔子所敬佩的聖人。本章有自傷老大、吾道不行之意。

7.6

子曰：「志於道，據於德，依於仁，游於藝。」

【譯文】

孔子說：「立志向道，確實修德，不背離人生正途，自在涵泳於六藝之間。」

【注釋】

志於道 志，心所存向。 **據** 固執堅守。 **依** 不違義。 **游於藝** 游，游泳。禮、樂、射、御、書、數謂之六藝，人之習於藝，如魚在水，忘其為水，斯有游泳自如之樂。

7.7

子曰：「自行束脩以上，吾未嘗無誨焉！」

【譯文】

孔子說：「只要帶了拜師摯禮（十條乾肉），我是沒有不給予教誨的。」

【注釋】

自 從。 **脩** 肉脯，古代貴族子弟十五歲上大學，要送束脩，也就是十束肉乾。後來就用給老師行的束脩之禮代表十五歲。東漢鄭玄《論語注》：「束脩，謂年十五以上也。」

7.8

子曰：「不憤不啟，不悱不發，舉一隅不以三隅反，則不復也。」

【譯文】

孔子說：「教導學生，不到他想瞭解而不得其解的時候，不去開導他；不到他想表達意見卻說不出來的時候，不去啟發他。如果一個四方形的東西，提示他一個角，他卻不能推想到其他三個角，那就不再教他了。」

【注釋】

憤 快要生氣，意指心中想瞭解卻有困難。 **悱** 臉都漲紅了，形容想說卻說不出來。 **隅** 角落。 **復** 意指不再繼續教導。

7.9

子食於有喪者之側，未嘗飽也。

【譯文】

有戴孝人在旁時，孔子從未吃飽過。

【注釋】

側 身邊。 **嘗** 曾經。

7.10

子於是日哭，則不歌。

【譯文】

孔子在這天弔喪哭過，就不再唱歌了。

【注釋】

於 在。

7.11

子謂顏淵曰：「用之則行，舍之則藏，唯我與爾有是夫。」子路曰：「子行三軍，則誰與？」子曰：「暴虎馮河，死而無悔者，吾不與也。必也臨事而懼，好謀而成者也！」

【譯文】

孔子對顏淵說：「受到任用便發揮抱負，沒人任用就安靜修行，只有我和你才能做到這樣吧！」子路問孔子說：「老師您如果統帥三軍，要找誰一起去呢？」孔子說：「赤手空拳和老虎搏鬥，徒步涉水過河，死了都不會後悔的人，我是不會和他在一起共事的。和我共事的，一定是要遇事小心謹慎，善於謀劃而能完成任務的人。」

【注釋】

舍 同「捨」。　**暴虎馮河** 徒手搏虎、徒步過河。形容有勇無謀的人，什麼都不怕。

7.12

子曰：「富而可求也，雖執鞭之士，吾亦為之；如不可求，從吾所好。」

【譯文】

孔子說：「富貴如果可以求得來，就是執鞭的低賤工作，我也願意做。如果無法以正當手段求得，還是追隨我所愛好的理想吧。」

【注釋】

富 指升官發財。 **求** 指合於道，可以去求。 **執鞭之士** 古代為天子、諸侯和官員出入時手執皮鞭開路的人。意指地位低下的職事。

7.13

子之所慎：齊、戰、疾。

【譯文】

孔子以慎重的態度面對的三件事是：齋戒、戰爭、疾病。

【注釋】

齊 借為「齋」，齋戒的意思。古代齋戒的理由是為了祭祀。**戰** 戰爭。儒家愛好和平儘量避免戰爭。孔子推崇管仲，正是因為管仲幫助齊桓公用外交手段避免戰爭。

7.14

子在齊聞〈韶〉，三月不知肉味。曰：「不圖為樂之至於斯也！」

【譯文】

孔子在齊國欣賞〈韶〉樂，好幾個月連吃肉都不知道滋味。他說：「沒想到好的樂曲居然這樣迷人。」

【注釋】

聞 聽見。 **〈韶〉** 傳為舜時的樂名，孔子推為盡善盡美。後以「聞韶」謂聽帝王之樂或聽美好樂曲。

7.15

冉有曰：「夫子為衛君乎？」子貢曰：「諾，吾將問之。」入曰：「伯夷、叔齊，何人也？」曰：「古之賢人也。」曰：「怨乎？」曰：「求仁而得仁，又何怨？」出，曰：「夫子不為也。」

【譯文】

冉有說：「老師會幫助衛國的國君嗎？」子貢說：「好，我去問他。」於是就進去問孔子：「伯夷、叔齊是什麼樣的人呢？」孔子說：「古代的賢人。」子貢又問：「他們有怨恨嗎？」孔子說：「他們求仁而得到了仁，又有什麼怨恨呢？」子貢出來對冉有說：「老師不會幫助衛君。」

【注釋】

為 讀音同「未」，幫助的意思。 **衛君** 衛出公輒，是衛靈公的孫子。他的父親因謀殺南子而被衛靈公驅逐出國。靈公死後，輒被立為國君，其父回國與他爭位，形成父子爭國的局面。孔子既然認為伯夷、叔齊是古之賢人，那麼他對衛國父子爭位的看法如何，也就不言可喻了。

7.16

子曰：「飯疏食，飲水，曲肱而枕之，樂亦在其中矣。不義而富且貴，於我如浮雲。」

【譯文】

孔子說：「吃粗糧，喝白水，彎著胳膊當枕頭，也樂在其中。用不正當的手段得來的富貴，對於我來講就像是天上的浮雲一樣。」

【注釋】

飯疏食 飯，吃也，作動詞。疏食即粗糧。 **曲肱** 肱音同「恭」，胳膊，由肩至肘的部位。「曲肱」即彎著胳膊。

7.17

子曰：「加我數年，五十以學《易》，可以無大過矣。」

【譯文】

孔子說：「再給我幾年，到了五十歲時來學易經，就可以沒有大過錯了。」

【注釋】

加 通「假」，給予。 **數** 指五年或十年，即很長一段時間。

7.18

子所雅言，《詩》、《書》、執禮，皆雅言也。

【譯文】

孔子有用雅言的時候，讀《詩經》、《尚書》、行禮，都用雅言。

【注釋】

雅言 周王朝的京畿之地在今陝西地區，以陝西語音為標準音的周王朝的官話，在當時被稱作「雅言」。孔子平時談話時用魯國的方言，但在誦讀《詩》、《書》和讀禮時，則用周之正音。 **執禮** 執即掌管，禮即詔、相、禮事。

7.19

葉公問孔子於子路，子路不對。子曰：「女奚不曰：『其為人也，發憤忘食，樂以忘憂，不知老之將至云爾。』」

【譯文】

葉公問子路有關孔子的為人，子路不知如何回答。孔子說：「你為什麼不這樣說：他這個人，發憤用功就忘了吃飯，內心快樂就忘了煩惱，連自己快要老了都不知道，如此而已。」

【注釋】

葉公 葉公姓沈名諸梁，楚國的大夫，封地在葉城（今河南葉縣南），當時葉屬楚，照楚國的習慣，國君稱王，縣尹稱公，所以稱之為葉公。 **云爾** 如此的意思。爾同「耳」，而已、罷了。

7.20

子曰：「我非生而知之者，好古，敏以求之者也。」

【譯文】

孔子說：「我不是生來就知道許多道理的人，而是愛好古代的文化制度，勤奮敏捷去學習來的。」

【注釋】

好古 喜愛先哲的遺典、古代的典章等。 **敏** 敏捷勤奮。

7.21 子不語：怪、力、亂、神。

【譯文】

孔子不與人談論怪異的、勇力的、悖亂的、神鬼的事。

【注釋】

力 國家的武力。 **亂** 尤指造反悖亂等事。 **神** 指神祕的事情。

7.22 子曰：「三人行，必有我師焉。擇其善者而從之，其不善者而改之。」

【譯文】

孔子說：「幾個人同行，其中一定有我可取法學習的，選擇他們的優點來學習，看到缺點就警惕自己不要學壞。」

【注釋】

三 代表多數。

7.23

子曰：「天生德於予，桓魋其如予何？」

【譯文】

孔子說：「天既賦予我高尚的品德，桓魋又能把我怎麼樣？」

【注釋】

予 我。 **桓魋** 宋國司馬向魋，是宋桓公的後代，又叫桓魋。孔子在宋國時，與弟子在樹下習禮，桓魋想殺孔子未果，就把那棵大樹砍了。孔子逃走後說了這兩句話。

7.24

子曰：「二三子以我為隱乎？吾無隱乎爾！吾無行而不與二三子者，是丘也。」

【譯文】

孔子說：「大家以為我對你們有所隱瞞嗎？我對你們沒有任何隱瞞的啊！我的一切作為都呈現在你們眼前，那就是我啊！」

【注釋】

二三子 這裡指孔子的學生們。 **與** 告知。 **丘** 孔子自稱。

7.25

子以四教：文、行、忠、信。

【譯文】

孔子用四件事教導學生：文獻、德行、忠誠、信實。

【注釋】

文 文獻、古籍等。 **行** 指德行。 **忠** 盡己之謂忠，對人盡心竭力的意思。 **信** 以實之謂信，誠實的意思。

7.26

子曰：「聖人，吾不得而見之矣！得見君子者，斯可矣。」子曰：「善人，吾不得而見之矣！得見有恆者，斯可矣。亡而為有，虛而為盈，約而為泰，難乎有恆矣！」

【譯文】

孔子說：「聖人我是沒有機會看到了，能看到君子也就可以了。」孔子又說：「善人我不可能看到了，能見到始終如一的人，這也就可以了。沒有卻裝作有，空虛卻裝作充實，窮困卻裝作富足，這樣的人是很難有恆心的。」

【注釋】

聖人 品德最高之人。 **君子** 才德出眾之人。 **善人** 心性、行為善良之人。 **有恆** 持之以恆。 **斯** 就。 **亡而為有** 本來沒有卻裝作有。亡同「無」。 **約** 貧窮。 **泰** 這裡是奢侈的意思。 **乎** 於。

7.27

子釣而不綱，弋不射宿。

【譯文】

孔子只釣魚而不撒網，只射飛鳥，不射巢中歇宿的鳥。

【注釋】

綱 大繩。這裡作動詞用。在水面上拉一根大繩，在大繩上繫許多魚鉤來釣魚，叫綱。**弋** 用帶繩子的箭來射鳥。**宿** 指歸巢歇宿的鳥兒。

7.28

子曰：「蓋有不知而作之者，我無是也。多聞，擇其善者而從之，多見而識之，知之次也。」

【譯文】

孔子說：「大概有一種人，事理不明而妄自造作的，我不會這樣。能多聽聞，選擇其中好的去依從，能多見識，記在心裡，這也算是次一等的智慧了。」

【注釋】

蓋 大概。**不知而作** 不知其理而妄作。**識** 記。**知之次也** 所謂次一等的智力就是「學而知之者，次也」，相對於「生而知之者，上也」而言。

7.29
互鄉難與言。童子見，門人惑。子曰：「與其進也，不與其退也。唯何甚？人潔己以進，與其潔也，不保其往也！」

【譯文】

（孔子認為）很難與互鄉那個地方的人談話，但互鄉的一個童子卻受到了孔子的接見，學生們都感到不解。孔子說：「我願意他進步，不希望他退步。何必做得太過分呢？人家修飾整潔來找我，我就嘉許他整潔的一面，不去追究他過去的作為。」

【注釋】

互鄉 地名，具體所在不詳。其鄉風俗惡，難與言善。 **與** 讚賞。 **進**、**退** 進步、退步。

7.30

子曰：「仁遠乎哉？我欲仁，斯仁至矣！」

【譯文】

孔子說：「仁德離我很遠嗎？只要我願意行仁，立刻就可以行仁。」

【注釋】

仁 行仁，代表一種要做到仁的行動。 **乎** 語氣詞。 **斯** 「所以」的意思。

7.31

陳司敗問昭公知禮乎？孔子曰：「知禮。」孔子退，揖巫馬期而進之，曰：「吾聞君子不黨，君子亦黨乎？君取於吳為同姓，謂之吳孟子。君而知禮，孰不知禮？」巫馬期以告。子曰：「丘也幸，苟有過，人必知之。」

【譯文】

陳司敗問：「魯昭公知禮嗎？」孔子說：「知禮。」孔子走後，陳司敗向巫馬期作了個揖，請他進來，說：「我聽說君子是沒有偏私的，難道像孔子這樣的君子還包庇別人嗎？魯君在吳國娶了一個同姓的女子為夫人，是國君的同姓，稱她為吳孟子。如果魯君算是知禮，還有誰不知禮呢？」巫馬期把這句話告訴了孔子。孔子說：「我真是幸運。如果有錯，人家一定會知道。」

【注釋】

陳司敗 陳國主管司法的官，姓名不詳，也有人說是齊國大夫，姓陳名司敗。**昭公** 魯國國君，魯襄公的兒子。謚號「昭」。**揖** 作揖，行拱手禮。**巫馬期** 姓巫馬名施，字期，孔子的學生，比孔子小三十歲。**黨** 偏袒、包庇的意思。**取** 同「娶」。**為同姓** 魯國和吳國的國君同姓姬。周禮規定同姓不婚，昭公娶同姓女，是違禮的行為。**吳孟子** 魯昭公夫人。春秋時代，國君夫人的稱號，一般是她出生的國名加上她的姓，但因她姓姬，故稱為吳孟子，而不稱吳姬。

7.32

子與人歌而善，必使反之，而後和之。

【譯文】

孔子與別人一起唱歌，唱到開懷時一定請他再唱一遍，然後自己又和一遍。

【注釋】

反 反覆。 **和** 跟唱。

7.33

子曰：「文莫，吾猶人也。躬行君子，則吾未之有得。」

【譯文】

孔子說：「就努力求知來說，我還過得去；但做一個身體力行的君子，我還做得不夠好。」

【注釋】

莫 大約。 **躬行** 身體力行。

7.34

子曰：「若聖與仁，則吾豈敢？抑為之不厭，誨人不倦，則可謂云爾已矣。」公西華曰：「正唯弟子不能學也。」

【譯文】

孔子說：「如果說到聖人和仁人，我豈敢當？不過是學習時不厭煩，教人時不倦怠。只可以說是這樣罷了。」公西華說：「這正是我們做不到的。」

【注釋】

抑 只不過是。 **云爾** 這樣說。

7.35

子疾病，子路請禱。子曰：「有諸？」子路對曰：「有之。誄曰：『禱爾于上下神祇。』」子曰：「丘之禱久矣！」

【譯文】

孔子病得很重，子路請示要做祈禱。孔子說：「有這樣的事嗎？」子路答：「有。禮書上的誄詞說：『為你向天神地祇禱告。』」孔子說：「我一直祈禱很久了！」

【注釋】

請禱 祈禱。 **有諸** 有這回事嗎？ **誄** 祈禱文。 **祇** 地神，天神為神。

7.36

子曰：「奢則不孫，儉則固；與其不孫也，寧固。」

【譯文】

孔子說：「奢侈就會顯得不謙遜，太儉省就會流於固陋，與其驕傲，寧可固陋。」

【注釋】

孫 同「遜」，謙遜。 **固** 簡陋。

7.37

子曰：「君子坦蕩蕩，小人長戚戚。」

【譯文】

孔子說：「君子心胸光明開朗，小人經常心神不安。」

【注釋】

坦蕩蕩 心胸寬廣。 **長戚戚** 經常憂愁、煩惱的樣子。

7.38

子溫而厲，威而不猛，恭而安。

【譯文】

孔子溫和而嚴肅，威武卻不凶猛，莊重而又安詳。

【注釋】

厲 嚴肅。 **威** 外表有威儀，讓人不可侵犯。 **猛** 凶猛，給人咄咄逼人的感覺。

泰伯篇

8.1 子曰：「泰伯，其可謂至德也已矣。三以天下讓，民無得而稱焉。」

【譯文】

孔子說：「泰伯的德行高尚極了。幾次把天下讓出，百姓無法用語言來稱讚他。」

【注釋】

泰伯 相傳泰伯、仲雍二人是親兄弟，生父即周朝太王古公亶父。他們看到父親特別喜歡第三子季歷的兒子姬昌（即後來的周文王），便逃到南方去，建立吳國，成為周朝的諸侯。

8.2

子曰：「恭而無禮則勞，慎而無禮則葸，勇而無禮則亂，直而無禮則絞。君子篤於親，則民興於仁。故舊不遺，則民不偷。」

【譯文】

孔子說：「恭敬而無禮則徒勞，謹慎而無禮則膽怯，勇猛而無禮則闖禍，直率而無禮則尖刻。在上位的人能厚待親族，則百姓就會崇尚仁愛；不遺棄親朋故舊，則百姓就不會刻薄無情。」

【注釋】

葸 膽怯。 **直** 率直。 **絞** 說話尖刻。 **君子** 此指在上位者。 **篤** 厚待、真誠。 **不偷** 不澆薄，不輕佻。

8.3

曾子有疾，召門弟子曰：「啟予足！啟予手！《詩》云：『戰戰兢兢，如臨深淵，如履薄冰。』而今而後，吾知免夫！小子！」

【譯文】

曾子得了重病，將學生召集起來，說：「看看我的足！看看我的手！我一生謹慎，總是小心翼翼，就像站在深淵之旁，就像踩在薄冰之上。從今以後，我才知道，什麼叫撿了一條命。弟子們！」

【注釋】

啟 原義是「開啟」，此指曾子生病躺在床上，打開被子說看看我的手腳。 **戰戰兢兢，如臨深淵，如履薄冰** 出於《詩．小雅．小旻》，曾子引之，是形容命懸一線的感覺。 **小子** 對弟子的稱呼。

8.4

曾子有疾，孟敬子問之。曾子言曰：「鳥之將死，其鳴也哀；人之將死，其言也善。君子所貴乎道者三：動容貌，斯遠暴慢矣；正顏色，斯近信矣；出辭氣，斯遠鄙倍矣。籩豆之事，則有司存。」

【譯文】

曾子得了重病，孟敬子來探問，曾子說：「鳥快死時，叫聲是悲哀的；人快死時，說的話是善意的。在上位的人所重視的道理有三個：慎重儀態，就可以避免粗暴無理；端正臉色，就接近信實；注意語氣，就可以避免鄙陋錯誤。至於籩豆這些禮器該放在哪裡的細節，自有主管的官員負責。」

【注釋】

孟敬子 即魯國大夫孟孫捷。 **問** 探望、探視。 **動容** 使自己的內心感情表現於臉上。 **暴慢** 粗暴、放肆。 **顏色** 臉色。 **出辭氣** 出言，說話。 **鄙倍** 鄙，粗野。倍同「背」，背理。 **籩** 竹器，口圓有腳，盛瓜果用。 **豆** 有蓋木器，盛湯漿用。 **有司** 管事者。此處指主管祭祀、禮儀事務的官吏。

8.5

曾子曰：「以能問於不能，以多問於寡；有若無，實若虛，犯而不校。昔者吾友，嘗從事於斯矣。」

【譯文】

曾子說：「自己通曉義理，卻去請問俗人；自己博聞多知，卻謙遜地去請問文盲；自己實有學識，卻好像虛無的樣子；有人侵犯無禮，也不和他計較。以前我的朋友顏淵，就是這樣做的。」

【注釋】

能、**不能** 指某方面的才能而言。 **多**、**寡** 指見聞、學問的多少。 **有若無** 自己有才能而不自誇，就像沒有才能一樣。 **實若虛** 自己學問充實而不自滿，就像無甚學問一樣。 **犯** 冒犯。 **校** 通「較」，計較。 **吾友** 此指顏淵。

8.6

曾子曰：「可以託六尺之孤，可以寄百里之命，臨大節而不可奪也。君子人與？君子人也。」

【譯文】

曾子說：「可以將年少的孤兒託給他照顧，可以將國家的命脈交給他負責，遇到緊要關頭也不會改變操守。這樣的人稱得上是君子嗎？這樣的人就是君子呀！」

【注釋】

託 委託。 **孤** 父死以後，子稱孤子。 **六尺之孤** 古時身高六尺約為十五歲，十五歲以下，統稱六尺之孤。君主在命終之際，委託可靠之人輔佐幼子，名為託孤。

百里 指大國。百里之命，指掌握國家政權和命運。 **大節** 指國家存亡，個人生死之重要關頭。 **與** 同「歟」，疑問語助詞。

8.7

曾子曰：「士不可以不弘毅，任重而道遠。仁以為己任，不亦重乎！死而後已，不亦遠乎？」

【譯文】

曾子說：「讀書人不能不志向遠大，意志堅強，因為他肩負重任且路途遙遠。以實行仁道為己任，這個擔子不重嗎？直到死才能停下腳步，這路途還不夠遙遠嗎？」

【注釋】

士 指讀書人。 **弘毅** 宏大剛毅。 **已** 停止。

8.8

子曰：「興於詩，立於禮，成於樂。」

【譯文】

孔子說：「啟發上進的意志要靠讀詩，具備處世的條件要靠學禮，達成教化的目標要靠習樂。」

【注釋】

興 振興，啟發向上的意思。 **詩** 本是民間流傳的歌謠，官府採集後加以整理。

禮 包括各種具體的行為規範。

8.9

子曰：「民可使由之，不可使知之。」

【譯文】

孔子說：「人民可以使他們照著道理做，卻不可能使他們明白道理。」

【注釋】

由 從也。古時士以下的人民沒有機會接受教育，所以在上位者統治人民，通常是教他們照著規定做，而不做說明。現今有人將此章讀為「民可，使由之；不可，使知之。」意即「人民贊同的，就要執行；人民不理解的，就要解釋清楚。」

8.10

子曰：「好勇疾貧，亂也。人而不仁，疾之已甚，亂也。」

【譯文】

孔子說：「崇尚勇猛而厭惡自己貧賤，會出亂子的呀！對於不仁德的人逼迫得太厲害，也是禍害呀！」

【注釋】

疾 厭惡。 **已甚** 已，太。已甚，即太過分。

8.11

子曰：「如有周公之才之美，使驕且吝，其餘不足觀也已！」

【譯文】

孔子說：「一個人即使有周公一樣的卓越才能，如果他既驕傲又吝嗇，其他部分也就不值得欣賞了。」

【注釋】

美 表示值得欣賞的才華。 **使** 假使。 **吝** 鄙嗇。

8.12

子曰：「三年學，不至於穀，不易得也。」

【譯文】

孔子說：「學了三年，還做不了官，很少有。」

【注釋】

穀 古代以穀作為官吏的俸祿，這裡用「穀」代表做官。不至於穀，即做不了官。

8.13

子曰：「篤信好學，守死善道。危邦不入，亂邦不居。天下有道則見，無道則隱。邦有道，貧且賤焉，恥也；邦無道，富且貴焉，恥也。」

【譯文】

孔子說：「以堅定的信心熱愛學習，為了完成理想可以犧牲生命。不入險地，不住亂世。天下太平就出來做事，混亂的時候，就隱居不出。治世中，貧賤是可恥的；亂世中反而富貴也是可恥的。」

【注釋】

篤信 忠實地信仰。指對道德和事業抱有堅定的信心，勤學好問。 **守死善道** 至死也要守住正確的道理。 **危** 危險。 **邦** 邦國。 **見** 同「現」。

8.14

子曰：「不在其位，不謀其政。」

【譯文】

孔子說：「不在那個位置上，就不參與那個位置上的事。」

【注釋】

儒家重視「名分」問題。不在其位而謀其政，有僭越之嫌，會被認為是「違禮」之舉。「不在其位，不謀其政」也就是要安分守己。這兩句話又見〈憲問篇〉第二十六章。

8.15

子曰：「師摯之始，〈關雎〉之亂，洋洋乎盈耳哉！」

【譯文】

孔子說：「從太師摯演奏的序曲開始，到最後演奏〈關雎〉的結尾，豐富而優美的音樂在我耳邊迴盪。」

【注釋】

師摯 魯國的太師，即樂官之長，名摯。古代奏樂，由太師開始演奏。**始** 此處指樂曲的開端。**亂** 這裡指樂曲的結尾，即合奏。**洋洋盈耳** 洋洋，豐富眾多。盈，充滿。宏亮而優美的聲音充滿雙耳，形容聲音悅耳動聽。

8.16

子曰：「狂而不直，侗而不愿，悾悾而不信，吾不知之矣！」

【譯文】

孔子說：「狂妄而不直率，愚昧而不老實，無能而不守信，這種人我不知道他要怎麼辦！」

【注釋】

狂 急躁、狂妄。**侗** 幼稚無知。**愿** 謹慎、小心。**悾悾** 無能的樣子。

8.17

子曰：「學如不及，猶恐失之。」

【譯文】

孔子說：「求學好像來不及似的，學到了又怕把它忘掉。」

【注釋】

及 趕上。

8.18

子曰：「巍巍乎！舜禹之有天下也，而不與焉。」

【譯文】

孔子說：「多麼崇高啊！舜和禹得到天下，卻不曾占為己有。」

【注釋】

巍巍 崇高、高大的樣子。 **舜禹** 舜是傳說中的聖君明主，禹是夏朝的第一個國君。相傳堯禪位給舜，舜又禪位給禹。 **與** 參與、奪取。

8.19

子曰：「大哉，堯之為君也！巍巍乎，唯天為大，唯堯則之！蕩蕩乎，民無能名焉！巍巍乎，其有成功也！煥乎，其有文章！」

【譯文】

孔子說：「堯當君主，偉大崇高，可比於天！他的恩德，無法形容！他的功勞，千古留芳！他的制度，光輝燦爛！」

【注釋】

則 效法。 **蕩蕩** 廣遠。 **名** 效法。 **成功** 事業也。 **煥** 光明的樣子。 **文章** 禮樂法度。

8.20

舜有臣五人而天下治，武王曰：「予有亂臣十人。」孔子曰：「才難，不其然乎？唐虞之際，於斯為盛。有婦人焉，九人而已。三分天下有其二，以服事殷，周之德，其可謂至德也已矣！」

【譯文】

舜有五位賢臣，就能治理好天下。周武王說過：「我有十個幫助我治理國家的臣子。」孔子說：「人才難得，難道不是這樣嗎？唐堯和虞舜之間及周武王這個時期，人才是最盛了。但十個大臣當中有一個是婦女，實際上只有九個人而已。周文王得了天下的三分之二，仍然事奉殷朝，周朝的德，可以說是至高無上了。」

【注釋】

舜有臣五人 傳說是禹、稷、契、皋陶、伯益等人。 **亂臣** 據《說文》：「亂，治也。」此處所說的「亂臣」，應為「治國之臣」。 **唐虞之際** 傳說堯在位的時代叫唐，舜在位的時代叫虞。**斯** 指周武王時期。**有婦人焉** 指武王的治臣十人中有武王之妻邑姜。**三分天下有其二** 《逸周書・程典篇》說：「文王令九州之侯，奉勤於商」。相傳當時分九州，文王得六州，是三分之二。

8.21

子曰：「禹，吾無間然矣！菲飲食，而致孝乎鬼神；惡衣服，而致美乎黻冕；卑宮室，而盡力乎溝洫。禹，吾無間然矣！」

【譯文】

孔子說：「禹，無可挑剔。他自己粗茶淡飯，而盡心孝敬鬼神；自己衣服樸素，祭禮用的衣帽卻很華美；自己的宮室簡陋，卻盡力興修水利。禹，無可挑剔。」

【注釋】

間 找出空隙。 **菲** 薄。 **鬼神** 此指祖先。 **黻** 祭祀的衣服。 **冕** 帽子。 **溝洫** 田間水道。

子罕篇

9.1

子罕言利，與命，與仁。

【譯文】

孔子很少主動談到有關私利、命運與仁德的問題。

【注釋】

罕 很少。

9.2
達巷黨人曰：「大哉孔子！博學而無所成名。」子聞之，謂門弟子曰：「吾何執？執御乎？執射乎？吾執御矣！」

【譯文】

達巷這個地方的人說：「人們都說孔子很偉大！說他什麼都會；但是也從來沒有聽說過，他在哪一方面特別出名。」孔子聽到這番話，對門人弟子說：「大家到底是希望我專長什麼事情呢？是希望我專長駕車呢？還是希望我專長射箭呢？我就專長駕車吧！」

【注釋】

達巷 黨名。古代以五百家為一黨。一說「巷黨」是「里巷」的意思。**無所成名** 「成名」是指專學之名，「無所成名」就是不固定為某一項學問的名家。**御、射** 孔子以六藝教導學生，射、御各為六藝之一，射者表現自己，御者服務別人，孔子寧選專長御者，有自謙之意。

9.3

子曰：「麻冕，禮也；今也純，儉，吾從眾。拜下，禮也；今拜乎上，泰也。雖違眾，吾從下。」

【譯文】

孔子說：「用麻布做禮帽，合乎古禮；現在都用絲綢，比較節約，我贊同大家的做法。臣子在堂下拜謝，是以前的規定；現在卻在堂上拜謝，這是倨傲。雖然違反大家的意見，我還是贊同在堂下拜謝的做法。」

【注釋】

麻冕 麻布製成的禮帽。 **純** 絲綢，黑色的絲。 **儉** 儉省，麻冕費工，用絲則儉省。 **拜下** 古代臣下拜見君上時的一種禮儀，君上賜酒，臣下須先在堂下拜謝，待君上示意後，再到堂上行禮。 **泰** 此處指驕縱、傲慢。孔子不是頑固地主張一切都要合乎於周禮，因跪拜與戴帽有根本的區別，故不願在此原則上作出讓步。

9.4

子絕四：毋意，毋必，毋固，毋我。

【譯文】

孔子杜絕了四種弊病：不憑空猜疑，不堅持己見，不頑固拘泥，不自私主觀。

【注釋】

毋 通「無」。 **意** 同「臆」，猜想、猜疑。 **必** 必定。 **固** 固執己見。 **我** 此處指自私之心。

9.5

子畏於匡。曰：「文王既沒，文不在茲乎？天之將喪斯文也，後死者，不得與於斯文也。天之未喪斯文也，匡人其如予何？」

【譯文】

孔子被困在匡地時，說：「周文王死了以後，周代的禮樂文物不都體現在我的身上嗎？上天如果想要消滅這種文物，那我就不可能接觸到這種文物了；上天如果不消滅這種典章文物，那麼匡人又能把我怎麼樣呢？」

【注釋】

畏於匡 匡，地名，在今河南省長垣縣西南。畏，受到威脅。 **文王** 周文王，姓姬名昌，西周開國之君周武王的父親，是孔子認為的古代聖賢之一。 **茲** 這裡，指孔子自己。 **後死者** 指子孫後代。 **與** 參與。 **如予何** 奈我何。

9.6

大宰問於子貢曰：「夫子聖者與？何其多能也？」子貢曰：「固天縱之將聖，又多能也。」子聞之曰：「大宰知我乎！吾少也賤，故多能鄙事。君子多乎哉？不多也！」

【譯文】

太宰問子貢：「你的老師是聖人嗎？不然他怎麼如此多才多藝呢？」子貢說：「是天意使他成為大聖人，而且又多才多藝。」孔子知道之後，說：「太宰了解我呀！我小時候生活貧困，因此能夠做很多粗鄙瑣細的工作。做一個君子需要多能嗎？實在不需要啊！」

【注釋】

大宰 官名；百官之長。《左傳》哀公七年及十二年，有三次吳太宰嚭與子貢談話的記載。 **聖** 表示聰明、能幹、多才多藝。 **與** 通「歟」，文言助詞，表示疑問、感嘆、反詰等語氣。 **固** 本來。

9.7

牢(ㄌㄠˊ)曰(ㄩㄝ)：「子(ㄗˇ)云(ㄩㄣˊ)：『吾(ㄨˊ)不(ㄅㄨˋ)試(ㄕˋ)，故(ㄍㄨˋ)藝(ㄧˋ)。』」

【譯文】

牢說：「老師說過：『我沒有被國家重用，所以才去學會了許多技藝。』」

【注釋】

牢 姓琴名牢，字子開，一字子張，又稱琴張，衛國人。《史記・仲尼弟子列傳》無此人，而《家語・弟子解》有其名。《左傳》昭公二十年也有孔子指教琴張的記載。 **不試** 不為世所用。

9.8

子曰：「吾有知乎哉？無知也。有鄙夫問於我，空空如也，我叩其兩端而竭焉。」

【譯文】

孔子說：「我有知識嗎？其實沒有。有一個鄉下人問我，態度誠懇而謙虛，我只是從問題的本末兩端仔細推敲，然後找到答案。」

【注釋】

鄙夫 孔子稱鄉下人、社會下層的人。 **空空如也** 形容態度誠懇謙虛。 **叩** 叩問、詢問。 **兩端** 兩頭，指正反、始終、上下方面。 **竭** 窮盡、盡力追究。

9.9

子曰：「鳳鳥不至，河不出圖，吾已矣夫！」

【譯文】

孔子說：「鳳鳥不飛來了，黃河中也不出現八卦圖了，今世不會再有聖明的君王，我想行道，大概也沒有希望了！」

【注釋】

鳳鳥 古代傳說中的一種神鳥。傳說鳳鳥在舜和周文王時代都出現過，牠的出現象徵聖王將要出世。 **河圖** 相傳黃河中曾出現龍馬背負圖文的靈異現象。孔子自嘆沒有見到這些祥瑞之象，可能也沒有機會見到天下太平了。

9.10 子見齊衰者，冕衣裳者與瞽者，見之，雖少必作，過之必趨。

【譯文】

孔子遇見穿喪服的人、穿戴禮服禮帽的官員和盲人時，雖然他們年輕，也一定要站起來；從他們面前經過時，一定要快步走過。

【注釋】

齊衰 喪服，古時用麻布製成。 **冕衣裳者** 冕，官帽。衣，上衣。裳，下服。這裡統指官服。冕衣裳者泛指在上位者。 **瞽** 盲。 **作** 站起來，表示敬意。 **趨** 快步走，表示敬意。

9.11

顏淵喟然歎曰：「仰之彌高，鑽之彌堅，瞻之在前，忽焉在後。夫子循循然善誘人，博我以文，約我以禮。欲罷不能，既竭吾才，如有所立卓爾。雖欲從之，末由也已！」

【譯文】

顏淵感歎地說：「孔夫子的道理，越抬頭看越覺得崇高，越深入學越難以透徹；看著就在前面，忽然又到後面去了。老師循序漸進地引導，用知識豐富我，用禮法約束我，想不學都不成。我竭盡全力，好像學會了立身處世的本領，但是當我想進一步追隨老師，卻又找不到路可走。」

【注釋】

喟然 歎息聲。 **仰之彌高，鑽之彌堅** 仰彌高，不可及。鑽彌堅，不可入。之字指孔子之道，亦指孔子其人。 **瞻之在前，忽焉在後** 喻恍惚不可捉摸。 **循循** 有次序貌。 **誘** 引進。 **博我以文，約我以禮** 文，猶孔門四科之言文學。禮，指人生實踐。 **卓爾** 峻絕。所謂高山仰止，望見之而力不能至。 **末** 無也。

9.12 子疾病，子路使門人為臣。病間，曰：「久矣哉，由之行詐也！無臣而為有臣，吾誰欺？欺天乎？且予與其死於臣之手也，無寧死於二三子之手乎？且予縱不得大葬，予死於道路乎？」

【譯文】

孔子得了重病，子路讓同學用家臣的名義準備料理喪事。病情好轉後，孔子說：「子路騙我很久了！我沒有家臣卻裝成有家臣的樣子。我欺騙誰？欺天嗎？與其讓家臣給我送終，不如讓學生給我送終！況且我縱使不能用大夫的葬禮，難道我就會死在路上嗎？」

【注釋】

門人 孔子的弟子。 **臣** 孔子晚年時並沒有正式的官位，不應該有治喪組織。 **無寧** 寧也。 **大葬** 謂君臣禮葬。

9.13

子貢曰：「有美玉於斯，韞匵而藏諸？求善賈而沽諸？」子曰：「沽之哉！沽之哉！我待賈者也。」

【譯文】

子貢說：「有一塊美玉在這裡，是把它珍藏在櫃子裡好呢？還是找一個識貨的商人把它賣出去好呢？」孔子說：「賣出去吧！賣出去吧！我正等待著識貨的商人哩！」

【注釋】

韞 藏。 **匵** 匱也。 **賈** 商人。善賈，識貨的商人，比喻賢君。 **沽** 賣出。

9.14

子欲居九夷。或曰：「陋，如之何？」子曰：「君子居之，何陋之有？」

【譯文】

孔子想到一個邊遠地區去住。有人說：「那地方很簡陋，怎麼辦？」孔子說：「君子住在那，普及教化，還有什麼簡陋？」

【注釋】

九夷 東方之夷，有九種，言東方之群夷，指高麗。 **陋** 鄙野。

9.15

子曰：「吾自衛反魯，然後樂正，雅頌各得其所。」

【譯文】

孔子說：「我從衛國返回魯國，才把音樂整理好，使雅、頌的詩樂都安排妥當。」

【注釋】

反 通「返」。 **樂正** 「正」為動詞，修正音樂篇章。 **各得其所** 指事物或人都得到適當的安置。

9.16

子曰：「出則事公卿，入則事父兄，喪事不敢不勉，不為酒困，何有於我哉？」

【譯文】

孔子說：「在外服侍有公卿身分的人，回家侍奉父母長輩，辦喪事不敢不按照禮的要求，不因酒而造成任何困擾，這些事我做到了多少？」

【注釋】

勉 盡力。此指「盡禮」，就是按照「禮」的要求去做。 **酒困** 指飲酒過多，神志迷亂。

9.17

子在川上曰：「逝者如斯夫！不舍晝夜。」

【譯文】

孔子在河邊說：「時光如流水！日夜不停奔流。」

【注釋】

川 河川，河流。 **逝** 逝去，過往。 **斯** 這般，在此指河水。 **夫** 表示感歎的語氣。 **舍** 捨棄。 **晝夜** 白天和夜晚，表示日以繼夜的意思。

9.18

子曰：「吾未見好德如好色者也。」

【譯文】

孔子說：「我沒見過喜歡美德如同喜歡美色的人。」

【注釋】

《史記》：「孔子居衛，靈公與夫人同車，使孔子為次乘，招搖市過之。」孔子醜之，故有是言，疾時人薄於德而厚於色也。

9.19

子曰：「譬如為山，未成一簣，止，吾止也！譬如平地，雖覆一簣，進，吾往也！」

【譯文】

孔子說：「譬如堆土成山，還差一筐，沒堆成就停了，功虧一簣是自己造成的；譬如填坑，只倒一筐，繼續填下去，堅持不懈是自己決定的。」

【注釋】

為山 用《尚書》裡「為山九仞，終虧一簣」的典故。**簣** 筐。**平** 填平。

9.20

子曰：「語之而不惰者，其回也與！」

【譯文】

孔子說：「聽我說話而能毫不懈怠的人，只有顏回吧！」

【注釋】

惰 懈怠也。是說其他人不能盡解，故有懈惰於夫子之語時；其語之而不懈惰者，只有顏回而已，那是因為他理解的緣故。

9.21 子謂顏淵曰：「惜乎！吾見其進也，未見其止也！」

【譯文】

孔子談到顏淵，說：「死得可惜啊！我只看到他不斷進步，沒有見到他停下來過。」

【注釋】

進、止 都指學習而言。

9.22 子曰：「苗而不秀者，有矣夫！秀而不實者，有矣夫！」

【譯文】

孔子說：「出了苗而不開花的情況是有的！開了花而不結果的情況也是有的！」

【注釋】

苗而不秀 指莊稼出了苗而沒有抽穗。比喻人有好的資質，卻沒有成就。**秀而不實** 開花不結果。比喻只學到一點皮毛，實際並無成就。秀，莊稼吐穗開花。實，結果實。

9.23

子曰：「後生可畏，焉知來者之不如今也？四十、五十而無聞焉，斯亦不足畏也已！」

【譯文】

孔子說：「年輕人值得敬佩，怎知將來的人不如今人呢？四、五十歲還沒有什麼好的名望，也就不值得敬重了。」

【注釋】

後生　二十歲以下為後生，二十歲以上是成人。

9.24

子曰：「法語之言，能無從乎！改之為貴。巽與之言，能無說乎？繹之為貴。說而不繹，從而不改，吾末如之何也已矣！」

【譯文】

孔子說：「嚴令告誡的話，能不聽從嗎？但是要改正了錯誤才是可貴。恭維讚揚的話語，能不令人高興嗎？但是要想通涵義才是可貴。只高興而不分析、只聽從而不改正的人，我是一點辦法也沒有。」

【注釋】

法語 嚴肅莊重的告誡。**從** 聽從，依照著做。**改** 修改，去除不好的換成好的。

巽 古同「遜」，謙恭、恭維。**說** 同「悅」，愉悅。**繹** 理出頭緒，推究事理。

末如之何 就是「無如之何」。指聖人也無法教化他。

9.25 子曰：「主忠信，毋友不如己者，過則勿憚改。」

【譯文】

孔子說：「以忠信為做人處事的基本原則，不和志趣不相投的人往來，有過錯不要怕改正。」

【注釋】

已見〈學而篇〉第八章。

9.26 子曰：「三軍可奪帥也，匹夫不可奪志也。」

【譯文】

孔子說：「軍隊的主帥可能被劫走，一個平凡人的志向卻不能被改變。」

【注釋】

三軍 周天子有六軍，一萬二千五百人為一軍，三軍合三萬七千五百人。 **匹夫** 古代百姓多是一夫一妻，兩相匹配，故稱匹夫、匹婦。匹夫意指一個平凡人。

9.27

子曰：「衣敝縕袍，與衣狐貉者立，而不恥者，其由也與！『不忮不求，何用不臧？』」子路終身誦之。子曰：「是道也，何足以臧？」

【譯文】

孔子說：「穿著破舊衣服，與穿著狐皮貉皮裘的人站在一起，而不覺得慚愧的人，大概就是由吧？『不嫉妒、不貪婪，怎會不好呢？』」子路聽了就經常誦讀這兩句詩。孔子知道後，又說：「這是應該做到的，哪裡值得如此滿足？」

【注釋】

縕 舊絲綿。 **狐貉** 狐皮貉皮。 **不忮不求** 見於《詩經‧衛風‧雄雉篇》。 **臧** 稱讚。

9.28

子曰：「歲寒，然後知松柏之後彫也。」

【譯文】

孔子說：「歲暮天寒，才知道松柏是最後凋謝的樹木呀！」

【注釋】

後彫 最後凋謝。此章用來比喻堅貞忠毅的君子。彫同「凋」。

9.29

子曰：「知者不惑，仁者不憂，勇者不懼。」

【譯文】

孔子說：「聰明人沒有困惑，行仁的人沒有憂慮，勇敢的人沒有畏懼。」

【注釋】

知者 愛好學習的人。 **仁者** 行仁的人，指真誠的人。

9.30

子曰：「可與共學，未可與適道；可與適道，未可與立；可與立，未可與權。」

【譯文】

孔子說：「可以共同學習的人，不一定能一同走上人生正途；可以一起走上人生正途的人，未必可以一起立身處世；可以一起立身處世的人，未必可以一起權衡是非。」

【注釋】

適道 志於道、追求道的意思。適，之也。 **權** 權衡輕重，使合於義。

9.31

「唐棣之華，偏其反而；豈不爾思？室是遠而。」子曰：「未之思也，夫何遠之有？」

【譯文】

「唐棣開花，翩翩搖擺，我哪裡會不想你呢？只是家住得太遠了。」孔子說：「這不是真的思念，如果真的思念，再遠又有什麼關係？」

【注釋】

「唐棣之華」四句 古代逸詩。唐棣，一種薔薇科的落葉樹木，也寫成棠棣。華，花的古字。偏，同「翩」。反，同「翻」。

鄉黨篇

10.1

孔子於鄉黨，恂恂如也，似不能言者。其在宗廟朝廷，便便言，唯謹爾。

【譯文】

孔子在鄉親面前，溫和恭順，像不會說話的人。在宗廟裡、朝廷上，說話明明白白，但是很有分寸。

【注釋】

鄉黨 古代五百家為黨，一萬二千五百家為鄉，合而稱鄉黨。 **恂恂** 溫和恭順。

宗廟 禮法之所在。 **朝廷** 政事之所出。 **便便** 辯說的樣子。

10.2

朝與下大夫言，侃侃如也；與上大夫言，誾誾如也。君在，踧踖如也，與與如也。

【譯文】

上朝時，同下大夫說話，態度和氣快樂；同上大夫說話，是中正適度的樣子。在國君面前，恭恭敬敬，儀態安詳。（此章記敘孔子在朝廷上見到和國君不同階級的卿大夫時，所表現的不同態度。）

【注釋】

下大夫 古代的職官名。三代官制，分為卿、大夫、士三等，各等又分上中下三級。卿的官階在大夫之上，故稱為上大夫，一般也稱為相國。 **侃侃** 溫和快樂。 **誾誾** 言談正直。 **踧踖** 恭而不安。 **與與** 威儀適當而合禮。

10.3 君召使擯，色勃如也，足躩如也。揖所與立，左右手，衣前後，襜如也。趨進，翼如也。賓退，必復命，曰：「賓不顧矣。」

【譯文】

國君召孔子去接待賓客，孔子臉色莊重，腳步迅速。與兩旁的人作揖，左右依次拱手，衣服前後擺動，卻還是很整齊的樣子。快步向前行禮時，步伐輕快，像鳥展開翅膀的樣子。賓客走後，必定回報說：「客人不再回頭答拜了。」（此章記敘孔子為國君接待外賓時的禮儀動作。）

【注釋】

擯 出接外賓。　**勃** 變色貌。　**躩如** 走路快的樣子。　**襜** 古代一種短的便衣，此形容整齊的樣子。

10.4

入公門，鞠躬如也，如不容。立不中門，行不履閾。過位，色勃如也，足躩如也，其言似不足者。攝齊升堂，鞠躬如也，屏氣似不息者。出，降一等，逞顏色，怡怡如也。沒階趨進，翼如也。復其位，踧踖如也。

【譯文】

孔子走進朝廷大門時，恭敬謹慎，如同無處容身一般。不站在門的中央，行走時腳不踩門檻。經過國君的座位前，表情莊嚴，腳步輕快，說話好像不能充分說出來的樣子。提著衣裳的下擺升階上堂，謹慎恭敬，屏聲靜氣像沒有呼吸一樣。出堂來，走下一個臺階，神態舒展。下完臺階，步伐加快，如同長了翅膀。回到自己的位置，又顯得恭敬謹慎。（此章記敘上朝的禮儀。）

【注釋】

入公門 古時諸侯有三門，即庫門、雉門、路門。 **鞠躬如** 謹慎而恭敬的樣子。 **如不容** 形容極恭敬的樣子。 **履閾** 腳踏門檻。 **攝齊** 提起衣服的下襬。攝，提起。 **降一等** 從臺階上走下一級。 **逞** 鬆口氣。 **沒階** 走完了臺階。

10.5

執圭，鞠躬如也，如不勝。上如揖，下如授，勃如戰色，足蹜蹜如有循。享禮，有容色。私覿，愉愉如也。

【譯文】

孔子拿著玉圭時，顯得恭敬謹慎，好像拿不動一般。向上舉好像作揖，放下來好像交給別人。臉色莊重，戰戰兢兢，腳步細碎急促，像沿著一條線走路。獻禮時，和顏悅色。以私人身分和外國君臣相見時，輕鬆愉快。（此記行聘問之禮時的禮儀。）

【注釋】

圭 一種上圓下方的玉器。出使鄰國，大夫拿著圭作為代表君主的憑信。 **戰色** 戰戰兢兢的樣子。 **蹜蹜** 小步走路。 **如有循** 循，沿著。好像沿著一條直線往前走。 **享禮** 是使臣將所獻之禮品羅列於庭前。 **覿** 會見。 **愉愉** 和順的樣子。

10.6

君子不以紺緅飾，紅紫不以為褻服。當暑，袗絺綌，必表而出之。緇衣羔裘，素衣麑裘，黃衣狐裘。褻裘長，短右袂。必有寢衣，長一身有半。狐貉之厚以居。去喪，無所不佩。非帷裳，必殺之。羔裘玄冠，不以弔。吉月，必朝服而朝。

【譯文】

君子不用紺色、緅色做衣領的鑲邊，紅色、紫色不可做家居便服。天熱時，穿著細葛布、粗葛布做的單衣，外出必穿著外衣。黑衣配紫羔皮裘，白衣配白鹿皮皮裘，黃衣配黃狐皮裘。家居所穿的皮裘要長，右袖較短。一定要有睡衣，長度是全身再加一半。狐貉的厚皮用來作坐墊。喪事結束後，任何飾物都可佩戴。不是整幅布做的裙子，一定要裁邊。弔喪時不穿紫羔皮裘、不戴黑色禮帽。每月初一，必穿朝服去朝見。（此章記在上位者的衣服禮制。）

【注釋】

君子 指在上位者。 **紺** 深青透紅。 **緅** 黑中透紅。 **袗** 穿著單衣。 **絺** 夏季服裝用的細葛布。　**綌**　粗葛布。　**緇衣**　黑衣。　**羔裘**　朱子以為大夫之服。　**短右袂**　衣袍右袖要短，為工作方便。　**寢衣**　長一身有半是為了睡覺取暖。　**去喪**　指喪服期滿，除去喪服。　**帷裳**　上朝或祭祀時所穿的禮服。　**殺**　裁減。　**羔裘玄冠**　吉服，不能穿戴來參加喪禮。

10.7
齊ㄓㄞ，必ㄅㄧˋ有ㄧㄡˇ明ㄇㄧㄥˊ衣ㄧ，布ㄅㄨˋ。齊ㄓㄞ必ㄅㄧˋ變ㄅㄧㄢˋ食ㄕˊ，居ㄐㄩ必ㄅㄧˋ遷ㄑㄧㄢ坐ㄗㄨㄛˋ。

【譯文】

齋戒沐浴時，必有布做的明潔浴衣。齋戒時，一定要改變平時的飲食，起居作息一定要搬移位置。（此記齋戒時須注意的衣食之事。）

【注釋】

齊 同「齋」。 **明衣** 齋前沐浴後穿的浴衣。 **變食** 改變平常的飲食。指不飲酒，不吃蔥、蒜等有刺激味的東西。 **居必遷坐** 指從內室遷到外室居住，不和妻妾同房。

10.8

食不厭精，膾不厭細。食饐而餲，魚餒而肉敗，不食。色惡不食，臭惡不食。失飪不食，不時不食。割不正不食，不得其醬不食。肉雖多，不使勝食氣。唯酒無量，不及亂。沽酒市脯不食。不撤薑食，不多食。祭於公，不宿肉。祭肉不出三日，出三日，不食之矣。食不語，寢不言。雖疏食菜羹瓜祭，必齊如也。

【譯文】

食物不以做得精緻為滿足，魚肉不以切得細巧為滿足。食物變質餿臭，魚肉腐爛，不吃。顏色難看，不吃。氣味難聞，不吃。火候不當，不吃。不是正餐，不吃。切得不合刀法，不吃。沒有合適的調味醬，不吃。肉雖然吃得多，但不超過主食。酒不限量，但不要喝醉。買來的酒和肉乾，不吃。可以吃薑，但也不宜多吃。在公家助祭所分得的祭肉，不留過夜。家祭的祭肉，不留過三日。過了三日，就不吃了。吃飯時不閒談，睡前不聊天，雖是粗飯菜湯，臨食時也要先祭一祭，要莊嚴敬重像齋戒一樣。

【注釋】

膾 切細的肉。 **饐** 陳舊。 **餲** 食物變味。 **餒** 魚腐爛。 **不時** 一日三餐，三餐以外為不時。 **脯** 熟肉干。

10.9

席不正，不坐。

【譯文】

坐席沒擺正，不坐。

【注釋】

席 古代沒有椅子，只在地上鋪席子，席地而坐。席子材質為蒲葦、竹篾、禾桿。

10.10

鄉人飲酒，杖者出，斯出矣。鄉人儺，朝服而立於阼階。

【譯文】

鄉親們的飲酒儀式結束時，要等老人出去後，才能離席。鄉親們舉行驅鬼儀式時，要穿朝服站在東邊的臺階上。(此記參加鄉黨聚會時的禮儀。)

【注釋】

鄉人飲酒 指鄉飲酒禮，是古代地方上一種尊老敬賢的酒會。**杖者** 古代規定，六十歲才能扶杖而行。**儺** 古代一種驅逐疫鬼的民俗活動。**阼階** 東面的臺階。

10.11 問人於他邦，再拜而送之。康子饋藥，拜而受之，曰：「丘未達，不敢嘗。」

【譯文】

派人給他邦的朋友送禮時，一定再拜而送他上路。季康子送藥，孔子拜受了，並告訴使者說：「我對藥性不瞭解前，不敢嘗。」

【注釋】

康子 季康子，任魯國正卿時，孔子約六十八歲。　**達** 了解。

10.12

廄焚，子退朝，曰：「傷人乎？」不問馬。

【譯文】

馬廄燒了，孔子退朝回來，問：「傷人了嗎？」沒有問到馬。

【注釋】

廄 馬舍，養馬的地方。

10.13

君賜食，必正席先嘗之。君賜腥，必熟而薦之。君賜生，必畜之。侍食於君，君祭，先飯。疾，君視之，東首，加朝服，拖紳。君命召，不俟駕行矣。

【譯文】

君主賜的食物，一定要擺正先嘗。君主賜的鮮肉，一定要煮熟供奉祖先。君主賜的活物，一定要養起來。陪君主吃飯，君主致祭時，要替國君先嘗幾口飯。生病時，君主來探問，面朝東迎接，身上蓋著朝服，拖著帶子。君主召見時，不等車馬備好，自己就步行而去。

【注釋】

熟 烹煮使可食。　**薦** 供奉。　**紳** 束在腰間的寬帶子。　**俟** 等。

10.14

入大廟，每事問。

【譯文】

孔子進太廟，每件事都請教。

【注釋】

已見〈八佾篇〉第十五章。

10.15 朋友死，無所歸，曰：「於我殯。」朋友之饋，雖車馬，非祭肉，不拜。

【譯文】

朋友死了，沒人辦喪事，孔子說：「我來辦。」朋友的饋贈，即使是車馬之類貴重的東西，只要不是祭肉，就不行拜禮。（此記交友的禮儀，朋友之道。）

【注釋】

朋友 指與孔子志同道合的人。 **殯** 停放靈柩和埋葬都可以叫殯，此泛指喪葬事務。 **祭肉** 指祭祀祖先用的胙肉。孔子知道是朋友祭拜祖先所用的祭肉，作揖拜謝，特別慎重。

10.16 寢不尸，居不容。見齊衰者，雖狎必變。見冕者與瞽者，雖褻必以貌。凶服者式之。式負版者。有盛饌，必變色而作。迅雷、風烈必變。

【譯文】

睡覺時不要直挺著像死人，在家時不作莊肅的容儀。見穿喪服的人，即使是平日親近，也一定顯出關切的神色。見穿官服的人和盲人，即使再熟悉，也一定要有禮貌。在乘車時遇見穿喪服的人，便俯伏在車前橫木上以示同情。遇見背負國家圖籍的人，也這樣做。作客時，如果有豐盛的筵席，就肅容起身致謝。遇見迅雷大風，必變色，以示對上天的敬畏。(此章記儀容應隨外在環境不同而有所變化。)

【注釋】

齊衰 指喪服。 **狎** 親近的意思。 **瞽者** 盲人，指樂師。 **褻** 常見、熟悉。 **凶服** 喪服。 **式** 同「軾」，古代車輛前部的橫木。這裡作動詞用。遇見地位高的人或其他人時，身子向前微俯，伏在橫木上，以示尊敬或者同情。這在當時是一種禮節。

負版者 背負國家圖籍的人。當時無紙，用木版來書寫，故稱「版」。**作** 站起來對主人表示敬謝。

10.17

升車，必正立，執綏。車中不內顧，不疾言，不親指。

【譯文】

上車時，一定端正站好，再抓住扶手帶跨上去。在車中，不回頭看，不急速說話，不用手指點。（此章記上車及車上的禮儀。）

【注釋】

綏 上車時扶手用的索帶。 **內顧** 回頭看。 **疾言** 大聲說話。 **不親指** 不用手比劃。「親」字不可解，有人說是「妄」的誤字。《禮記．曲禮》：「車上不妄指」。

10.18

色斯舉矣，翔而後集。曰：「山梁雌雉，時哉時哉！」子路共之，三嗅而作。

【譯文】

子路在山間橋上襲取一隻雌雉，其他的雉驚駭飛起，在空中盤旋後，再聚在一起。孔子說：「你襲取橋上的雌雉，怎算得時宜呀！」於是子路兩手拱住雉雞放在地上，牠們拍了幾下翅膀，又飛走了。

【注釋】

色斯舉矣 色，臉色。舉，鳥飛起來。 **翔而後集** 飛翔一陣，然後落到樹上。 **時哉時哉** 孔子責子路襲取歇宿之雉雞，得非其時。 **共** 同「拱」。 **三嗅而作** 嗅本作臭，當是狊字，從目從犬，乃犬視貌。借作鳥之驚視。

先進篇

11.1

子曰：「先進於禮樂，野人也。後進於禮樂，君子也。如用之，則吾從先進。」

【譯文】

孔子說：「先學習禮樂再做官的，是一般的人；先有了官位再學習禮樂的，是卿大夫的子弟。如果要選用人才，我主張選用先學習禮樂的人。」

【注釋】

先進於禮樂 這裡指先學習禮樂而後再做官的人。 **野人** 這裡指樸素粗魯的人，或鄉野平民。 **後進於禮樂** 先做官而後再學習禮樂的人。 **君子** 文勝質者。都邑之人。

11.2

子曰：「從我於陳蔡者，皆不及門也。」

【譯文】

孔子說：「跟隨我在陳國、蔡國受苦的學生，現在都不在門下了。」

【注釋】

從 跟隨。 **皆不及門** 朱熹曰：「此時皆不在門下。」

11.3 德行：顏淵、閔子騫、冉伯牛、仲弓；言語：宰我、子貢；政事：冉有、季路；文學：子游、子夏。

【譯文】

德行優良的有顏淵、閔子騫、冉伯牛、仲弓。言語傑出的有宰我、子貢。長於政事的有冉有、季路。熟悉文獻的有子游、子夏。

【注釋】

孔子弟子相傳有三千人，身通六藝者七十二人，此章所列十人，是其中的佼佼者，分為德行、言語、政事、文學四門。

11.4

子曰：「回也，非助我者也！於吾言，無所不說。」

【譯文】

孔子說：「顏回啊，不是在教學上對我有幫助的人！他對我講述的話，沒有不心悅誠服的。」

【注釋】

無所不說 沒有不喜歡的。說同「悅」。顏回是孔子得意門生之一，在孔子面前始終畢恭畢敬，對於孔子的學說深信不疑、全面接受，所以孔子多次讚揚顏回。

11.5

子曰：「孝哉閔子騫！人不間於其父母昆弟之言。」

【譯文】

孔子說：「閔子騫真是孝順呀！別人對他的父母兄弟稱讚他的話，都沒有異議。」

【注釋】

閔子騫 是孔子的學生，最為人稱道的是他的孝行。 **間** 非難、批評、挑剔。 **昆** 哥哥，兄長。

11.6

南容三復〈白圭〉，孔子以其兄之子妻之。

【譯文】

南容經常朗誦〈白圭〉有關言談謹慎的的詩篇，孔子就把自己哥哥的女兒嫁給了他。

【注釋】

三復 反覆誦讀。 **白圭** 《詩經・大雅・抑》：「白圭之玷，尚可磨也；斯言不玷，不可為也。」意即白玉上的汙點可以磨掉，話裡若有汙點，是無法挽回的。這是告誡人們要謹慎言語。 **子** 古代男女通稱子，這裡指女兒。

11.7

季康子問：「弟子孰為好學？」孔子對曰：「有顏回者好學，不幸短命死矣！今也則亡。」

【譯文】

季康子問：「您的學生中誰是好學的？」孔子答：「有個叫顏回的好學，不幸短命死了，現在沒有這樣的人了。」

【注釋】

此章記孔子評顏回好學，與〈雍也篇〉第三章所記略同。

11.8

顏淵死，顏路請子之車以為之槨。子曰：「才不才，亦各言其子也。鯉也死，有棺而無槨。吾不徒行以為之槨，以吾從大夫之後，不可徒行也。」

【譯文】

顏淵死，顏淵的父親顏路請孔子賣車，給顏淵買一付外棺。孔子說：「有才無才，都是兒子。我的兒子孔鯉死時，有棺而無外棺。我不能賣車步行為他做一付外棺，因為我做過大夫，出門不可以步行。」

【注釋】

顏路 顏無繇，字路，顏淵的父親，也是孔子的學生。 **槨** 古人所用棺材，外為槨，內為棺。 **鯉** 孔子的兒子，字伯魯，死時五十歲，那時孔子七十歲。 **從大夫之後** 跟隨在大夫們的後面，意即當過大夫。孔子在魯國曾任司寇，是大夫的職位。

11.9

顏淵死，子曰：「噫！天喪予！天喪予！」

【譯文】

顏淵死，孔子說：「唉！天亡我也，天亡我也！」

【注釋】

噫 文言嘆詞，表示感慨、悲痛、嘆息。孔子以天下聖道為己任，且視顏回為傳人，因而有此感嘆。

11.10 顏淵死，子哭之慟。從者曰：「子慟矣！」曰：「有慟乎？非夫人之為慟而誰為？」

【譯文】

顏淵死了，孔子哭得非常傷心。跟隨在旁的學生說：「老師過於傷心了。」孔子說：「我過於傷心了嗎？我不為這樣的人悲痛，又要為誰悲痛呢？」

【注釋】

慟 極度悲痛。　**夫** 指示代詞，此處指顏淵。

11.11

顏淵死，門人欲厚葬之。子曰：「不可。」門人厚葬之。子曰：「回也視予猶父也，予不得視猶子也。非我也，夫二三子也。」

【譯文】

顏淵死，同學們想厚葬他。孔子說：「不可。」同學們還是厚葬了他。孔子說：「顏回把我當作父親，我卻不能看待他像兒子一般。不是我要厚葬的，是那幾位同學呀。」

【注釋】

厚葬 隆重地安葬。《禮記．檀弓．上》說喪具要「稱家之有無」，家貧如顏回者，按禮是不宜厚葬的。 **予不得視猶子也** 我不能把他當親生兒子一樣看待。

11.12

季路問事鬼神。子曰：「未能事人，焉能事鬼？」曰：「敢問死？」曰：「未知生，焉知死？」

【譯文】

季路請教怎樣侍奉鬼神。孔子說：「活人都不能侍奉好，還談什麼侍奉鬼神？」子路又問：「膽敢請教先生，死是怎麼回事？」孔子說：「沒有了解生的道理，怎麼會了解死的道理呢？」

【注釋】

事 侍奉。　**事人** 應指侍奉至親的人，例如君父。　**焉** 豈、如何。

11.13

閔子侍側，誾誾如也；子路，行行如也；冉有、子貢，侃侃如也。子樂。「若由也，不得其死然。」

【譯文】

閔子騫在旁侍奉時，一副正直而恭敬的樣子；子路侍奉時，一副剛強的樣子；冉有、子貢侍奉時，一副溫和快樂的樣子。孔子很歡喜。又說：「像子路這樣，想不到他死的樣子。」

【注釋】

誾誾 和顏悅色。　**行行** 剛強。　**侃侃** 和樂的樣子。　**不得其死** 不得盡享天年而善終，可能死於非命。此孔子暗指子路的個性要改。　**然** 用於句末，表示肯定、斷定的語氣詞。

11.14

魯人為長府。閔子騫曰：「仍舊貫，如之何？何必改作！」子曰：「夫人不言，言必有中。」

【譯文】

魯國重建叫長府的國庫。閔子騫說：「仍用舊庫，不行嗎？為什麼一定要改建！」孔子說：「此人很少說話，但一開口就很中肯。」

【注釋】

為 在古語中是「作」的意思，此指修繕。 **長府** 為魯國財貨武器聚藏之所，在魯君宮內。 **仍舊貫** 依照原來的樣子。貫，事。 **夫** 發語詞，無義。 **中** 準。

11.15

子曰：「由之瑟，奚為於丘之門？」門人不敬子路。子曰：「由也升堂矣，未入於室也！」

【譯文】

孔子說：「仲由彈出這種琴聲，怎麼會在我的門下呢？」孔子的學生們因此都不尊敬子路了。孔子便說：「子路彈得很不錯了，只是還不精通而已。」

【注釋】

瑟 一種古樂器，與古琴相似。 **奚為於丘之門** 奚，為什麼。為，彈。 **升堂入室** 堂是正廳，室是內室。古代家庭的結構，外面是庭，裡面有堂，再裡面還有室。升堂表示已經到位了，只是還沒有入室，到達極致。

11.16

子貢問：「師與商也孰賢？」子曰：「師也過，商也不及。」曰：「然則師愈與？」子曰：「過猶不及。」

【譯文】

子貢請教：「子張與子夏誰比較傑出？」孔子說：「子張做事總是過頭，子夏總是稍嫌不足。」子貢說：「那麼是子張好一點嗎？」孔子說：「過度如同不足，皆不妥當。」

【注釋】

師與商 師，顓孫師，即子張。商，卜商，即子夏。**愈** 勝過，強些。**與** 同「歟」。置於句末，表示疑問、反詰的語氣。**猶** 如同。

11.17 季氏富於周公，而求也為之聚斂而附益之。子曰：「非吾徒也，小子鳴鼓而攻之可也。」

【譯文】

季氏的財富超過魯君，而冉求還在幫他搜刮錢財。孔子說：「冉求不是我的門徒了，同學們可以揭發他的罪行而聲討他。」

【注釋】

季氏 魯國的卿相季康子。 **周公** 此指魯國國君，因為周公的兒子封在魯國，後人偶稱魯國國君為周公。 **求** 孔子的弟子冉有，是季氏的家臣。 **聚斂** 搜刮財富。

益 增加。

11.18

柴也愚，參也魯，師也辟，由也喭。

【譯文】

高柴愚笨，曾參遲鈍，顓孫師偏激，仲由莽撞。

【注釋】

柴 孔子的學生，姓高名柴，字子羔。比孔子小三十歲。**參** 曾參。**師** 複姓顓孫，名師，字子張。**辟** 偏激。**由** 仲由字子路，又字季路。**喭** 剛猛。

11.19

子曰：「回也其庶乎！屢空。賜不受命而貨殖焉，億則屢中。」

【譯文】

孔子說：「回的修養已經差不多了，可是他常常窮得一文不名。子貢不受官府之命約束，卻能經商致富，對市場行情判斷準確。」

【注釋】

回 顏回。 **庶** 指其近於聖道。 **空** 窮乏。 **賜** 端木賜，字子貢。 **貨殖** 貨財生殖。 **億** 猜測物價行情。

11.20 子張問善人之道。子曰：「不踐跡，亦不入於室。」

【譯文】

子張問做善人的方法。孔子說：「如果不沿著前人的腳印走，其學問和修養就不到家。」

【注釋】

善人 指本質善良但沒有經過學習的人。 **踐跡** 踩著前人的腳印走。跡，腳印。

入於室 比喻學問和修養達到了精深地步。

11.21 子曰：「論篤是與，君子者乎？色莊者乎？」

【譯文】

孔子說：「言論篤實是被讚美的，但他究竟是言行合一的君子？或者只是外表莊重的人？」

【注釋】

篤 忠誠。 **與** 稱許。 **色莊** 外表莊重。

11.22 子路問：「聞斯行諸？」子曰：「有父兄在，如之何其聞斯行之！」冉有問：「聞斯行諸？」子曰：「聞斯行之。」公西華曰：「由也問『聞斯行諸』，子曰『有父兄在』；求也問『聞斯行諸』，子曰『聞斯行之』。赤也惑，敢問。」子曰：「求也退，故進之；由也兼人，故退之。」

【譯文】

子路問道：「聽到一件合於義理的事，就可以去做嗎？」孔子說：「父親和兄長還活著，怎麼可以聽到了就去做呢？」冉有問道：「聽到一件合於義理的事，立刻就去做嗎？」孔子說：「聽到了應該立刻就去做。」公西華說：「仲由問『聽到一件合於義理的事，立刻就去做嗎？』您回答說『還有父兄在』。冉有問『聽到一件合於義理的事，立刻就去做嗎？』您回答說『聽到了應該立刻就去做』。我感到迷惑，大膽來請教。」孔子說：「冉求畏縮不前，所以我鼓勵他進取；仲由好勇過人，所以提醒他退讓些。」

【注釋】

子路 姓仲，名由，字子路，一字季路，孔子弟子，比孔子小九歲。 **斯** 此，指合於義理的事。 **諸** 「之乎」合音。 **公西華** 姓公西，名赤，字子華，孔子弟子。 **退** 畏縮不前。 **兼人** 好勇過人。兼，倍也。

11.23

子畏於匡，顏淵後。子曰：「吾以女為死矣！」曰：「子在，回何敢死？」

【譯文】

孔子被困於匡城，顏淵最後才趕到。孔子說：「我以為你遇害了呢！」顏淵說：「老師還在世，回怎敢輕易就死？」

【注釋】

畏於匡 匡，地名，在今河南省長垣縣西南。畏，受到威脅。 **女** 音「汝」。

11.24

季子然問：「仲由、冉求可謂大臣與？」子曰：「吾以子為異之問，曾由與求之問？所謂大臣者，以道事君，不可則止。今由與求也，可謂具臣矣。」曰：「然則從之者與？」子曰：「弒父與君，亦不從也。」

【譯文】

季子然問：「仲由、冉求可稱得上是大臣嗎？」孔子說：「我以為你問別人，哪知道你問此二人。所謂大臣，應以正道服事君上，做不到就辭職。現在他二人，可算充數的臣子了。」季子然說：「那麼，他們唯命是從嗎？」孔子說：「殺父和殺君上的事，他們也是不會聽從的。」

【注釋】

季子然 魯國季氏家族的子弟。**曾** 乃。**具臣** 普通的臣子。**之** 名詞，這裡指季氏。當時冉求和子路都是季氏的家臣。

11.25

子路使子羔為費宰。子曰：「賊夫人之子！」子路曰：「有民人焉，有社稷焉，何必讀書，然後為學？」子曰：「是故惡夫佞者。」

【譯文】

子路派子羔當費邑的總管。孔子說：「這是誤人子弟。」子路說：「那裡有老百姓要管理，有社稷壇要祭祀，為何一定要讀書，才算是求學呢？」孔子說：「這就是我討厭你們這種能言善辯者的緣故。」

【注釋】

子羔 即高柴。 **費宰** 費，地名，今山東費縣附近。宰，邑長。 **賊** 害。 **夫人之子** 指子羔。孔子認為他沒有經過很好的學習就去從政，這會害了他自己的。 **社稷** 社，土地神。稷，穀神。此指祭祀土地神和穀神的地方，即社稷壇。古代國都及各地都設立社稷壇，分別由國君和地方長官主祭。 **惡** 厭惡。 **佞** 有口才而不正派的人。

11.26

子路、曾皙、冉有、公西華侍坐。子曰：「以吾一日長乎爾，毋吾以也。居則曰：『不吾知也！』如或知爾，則何以哉？」子路率爾而對曰：「千乘之國，攝乎大國之間，加之以師旅，因之以饑饉，由也為之，比及三年，可使有勇，且知方也。」夫子哂之。「求，爾何如？」對曰：「方六七十，如五六十，求也為之，比及三年，可使足民；如其禮樂，以俟君子。」「赤，爾何如？」對曰：「非曰能之，願學焉！宗廟之事，如會同，端章甫，願為小相焉。」「點，爾何如？」鼓瑟希，鏗爾，舍瑟而作，對曰：「異乎三子者之撰。」子曰：「何傷乎？亦各言其志也。」曰：「莫春者，春服既成，冠者五六人，童子六七人，浴乎沂，風乎舞雩，詠而歸。」夫子喟然歎

11.26

曰：「吾與點也！」

三子者出，曾皙後。曾皙曰：「夫三子者之言何如？」子曰：「亦各言其志也已矣！」曰：「夫子何哂由也？」曰：「為國以禮，其言不讓，是故哂之。」「唯求則非邦也與？」「安見方六七十，如五六十，而非邦也者？」「唯赤則非邦也與？」「宗廟會同，非諸侯而何？赤也為之小，孰能為之大？」

【譯文】

子路、曾皙、冉有、公西華陪坐在孔子身旁。孔子說：「因為我比你們年長一些，不要因此而拘束。你們平常總是說沒有人了解你們，如果有人了解你們，那你們將怎樣做呢？」子路不假思索地答道：「擁有一千輛兵車的國家，夾在大國中間，外面受到軍事威脅，國內又發生災害饑荒。讓我來治理，只要三年，可以使老百姓勇敢而懂得道理。」孔子聽了微微一笑。

「求，你怎麼樣？」冉有回答說：「方圓六七十里或五六十里的地方，如果讓我來治理，只要三年便可以使老百姓富足，至於禮樂教化，則有待君子去做了。」又問：「赤，你怎麼樣？」公西華回答說：「我不敢說自己可以做到，只是願意學習罷了。宗廟祭禮或外交會見的事，我願意穿禮服戴禮帽，做一個小小的司儀。」孔子又問：「點，你怎麼樣？」曾皙彈瑟的聲音漸漸稀落，鏗地一聲放下瑟，站起來回答道：「我與三位同學的說法有所不同。」孔子說：「那有什麼關係呢？不過是各自談談志向罷了。」曾皙說：「暮春時節，春天的袷衣已經裁製好了，和五、六個成年人，六、七個小孩子，一起到沂水邊洗洗澡，在舞雩臺上吹吹風，然後一路唱著歌回來。」孔子感嘆說：「我欣賞點的志向啊！」

子路、冉有、公西華三人出去了，曾皙最後走。曾皙問：「他們三位的話怎麼樣？」孔子說：「也不過是各自談談志向罷了。」曾皙說：「那老師為什麼要笑仲由呢？」孔子說：「治理國家要靠禮儀，他的話卻毫不謙讓，所以笑他。」曾皙說：「難道求講的不是指國家嗎？」孔子說：「誰說方圓七十里或五六十里就不是國家呢？」曾皙又問：「難道赤所講的不是指國家嗎？」孔子說；「宗廟祭祀和外交盟會，不是國家的事又是什麼呢？赤如果只能做個小司儀，誰還能做大司儀呢？」

【注釋】

侍 陪侍。 **以** 因為。 **居** 平居，平日在家的時候。 **則** 同「輒」，往往，總是。 **如或** 如果有人。 **則** 那麼，就。 **何以** 用什麼。以，用。 **率爾** 輕率地；爾，助詞，用作修飾語的詞尾。 **對** 回答。 **乘** 古時一車四馬叫一乘。 **攝** 夾。 **乎** 於，在。 **師** 軍隊。 **因** 接續，接著。 **之** 指師旅所進行的戰爭。 **比及** 等到。 **哂** 微笑。 **俟** 等待。 **能** 能做到。 **會** 諸侯之間的盟會。 **同** 諸侯共同朝見天子。 **端** 古代的一種禮服。 **章甫** 古代的一種禮帽。 **相** 在祭祀、會盟或朝見天子時主持贊禮和司儀的人。 **鼓** 彈。 **瑟** 古樂器。 **希** 同「稀」，稀疏，指鼓瑟已接近尾聲。 **舍** 放下。 **作** 站起身。 **撰** 才能。 **傷** 妨害。 **莫春** 指農曆三月。莫，音義同「暮」。 **既** 已經。 **成** 穩定，指春服已經穿得住。 **冠** 古時男子二十歲為成年，束髮加冠。 **與** 動詞，贊成，同意。 **後** 用作動詞，留在後面。 **為** 治理。 **以** 靠，用。 **讓** 謙讓。 **邦** 國，此指國家大事。 **與** 疑問語氣詞。 **安** 怎麼。

顏淵篇

12.1

顏淵問仁。子曰：「克己復禮為仁。一日克己復禮，天下歸仁焉。為仁由己，而由人乎哉？」顏淵曰：「請問其目？」子曰：「非禮勿視，非禮勿聽，非禮勿言，非禮勿動。」顏淵曰：「回雖不敏，請事斯語矣！」

【譯文】

顏淵請教如何行仁。孔子說：「能實踐禮的要求，就是仁。一旦做到了，天下的人都會肯定你。實踐仁道要靠自己，難道能靠別人嗎？」顏淵說：「請您指點一些具體做法。」孔子說：「不合乎禮的不看、不聽、不說、不做。」顏淵說：「我雖然魯鈍，願照這些話去做。」

【注釋】

克己 克勝己身的私慾。　**目** 條目。

12.2 仲弓問仁。子曰：「出門如見大賓，使民如承大祭。己所不欲，勿施於人。在邦無怨，在家無怨。」仲弓曰：「雍雖不敏，請事斯語矣！」

【譯文】

仲弓請教仁道。孔子說：「出門時要像會見貴賓一樣莊重，使用民力要像舉行祭典一樣嚴肅。自己不喜歡的，不要強加於人。在諸侯之國服務沒有人抱怨，在大夫之家服務也沒有人抱怨。」仲弓說：「我雖不夠聰明，也要努力做到這些話。」

【注釋】

仲弓 孔子的弟子，在德行科排名第四。 **大賓** 公侯之賓。 **邦** 諸侯之國。 **家** 卿、大夫之家。

12.3

司馬牛問仁。子曰：「仁者，其言也訒。」曰：「其言也訒，斯謂之仁已乎？」子曰：「為之難，言之得無訒乎？」

【譯文】

司馬牛請教如何行仁。孔子說：「仁者說話謹慎。」司馬牛再問：「說話謹慎，就可以稱得上是行仁嗎？」孔子說：「做起來很難，說話又怎能不謹慎呢？」

【注釋】

司馬牛 孔子弟子，名犁，孔子弟子，宋國大夫桓魋之弟。 **訒** 出言緩慢謹慎。

12.4

司馬牛問君子。子曰：「君子不憂不懼。」曰：「不憂不懼，斯謂之君子已乎？」子曰：「內省不疚，夫何憂何懼？」

【譯文】

司馬牛問怎樣做一個君子。孔子說：「君子不憂愁，不恐懼。」司馬牛說：「不憂愁，不恐懼，這樣就可以叫做君子了嗎？」孔子說：「自己問心無愧，那還有什麼憂愁和恐懼呢？」

【注釋】

內省不疚 指自我反省，內心並不感到慚愧不安，即沒有做有愧於心的事。

12.5

司馬牛憂曰：「人皆有兄弟，我獨亡。」子夏曰：「商聞之矣：死生有命，富貴在天。君子敬而無失，與人恭而有禮，四海之內，皆兄弟也。君子何患乎無兄弟也？」

【譯文】

司馬牛憂愁地說：「別人都有兄弟，唯獨我沒有。」子夏說：「我聽說過：『死生都有命定，富貴由天安排。』君子態度認真而不犯錯，對人恭敬而有禮。四海之內的人，都可以做你的兄弟。君子又何必擔心沒有兄弟呢？」

【注釋】

亡 通「無」。 **商** 子夏名。 **命** 指遭遇。 **四海之內** 指天下之人。 **患** 擔心。

12.6

子張問明。子曰：「浸潤之譖，膚受之愬，不行焉，可謂明也已矣。浸潤之譖，膚受之愬，不行焉，可謂遠也已矣。」

【譯文】

子張請問什麼是明理。孔子答說：「點滴滲透的讒言，切身感受到的誹謗，不往心裡去，可以說是明智的了。點滴滲透的讒言，切身感受到的誹謗，不往心裡去，可以說是有遠見的了。」

【注釋】

浸潤之譖 譖，讒言。是說像水那樣一點一滴地滲進來的讒言，不易覺察。 **膚受之愬** 愬，誣告。此指像皮膚感覺到疼痛那樣的誣告，即直接的誹謗。 **遠** 遠見。

12.7

子貢問政。子曰：「足食，足兵，民信之矣。」子貢曰：「必不得已而去，於斯三者何先？」曰：「去兵。」子貢曰：「必不得已而去，於斯二者何先？」曰：「去食。自古皆有死，民無信不立。」

【譯文】

子貢問怎樣治理國家。孔子說，「糧食充足，軍備充足，使老百姓信任統治者。」子貢再問：「如果不得不去掉一項，那麼在三項中先去掉哪一項呢？」孔子說：「去掉軍備。」子貢說：「如果不得不再去掉一項，那麼這兩項中去掉哪一項呢？」孔子說：「去掉糧食。自古以來人總是要死的，如果老百姓對統治者不信任，那麼國家就不能存在了。」

【注釋】

足 充足。　**足兵** 兵並非指人，原先解釋為武器，打仗的是「士」，士執兵。

12.8
棘子成曰：「君子質而已矣，何以文為？」子貢曰：「惜乎，夫子之說君子也，駟不及舌！文猶質也，質猶文也。虎豹之鞟，猶犬羊之鞟？」

【譯文】

棘子成說：「君子質樸就可以了，何必要文飾？」子貢說：「可惜啊，您這樣理解君子。須知一言既出駟馬難追。如果文飾就像質樸，質樸就像文飾，那麼去掉文飾的話，虎豹的皮不就像犬羊的皮一樣難以分別了嗎？」

【注釋】

棘子成 衛國大夫。古代大夫都可以被尊稱為夫子，所以子貢這樣稱呼他。**質** 指內容、心地。**文** 文飾，指後天所受的教育和文化素養。**駟不及舌** 指話一說出口，就收不回來了。駟，拉一輛車的四匹馬。**鞟** 去掉毛的皮，即革。

12.9

哀公問於有若曰：「年饑，用不足，如之何？」有若對曰：「盍徹乎？」曰：「二，吾猶不足，如之何其徹也？」對曰：「百姓足，君孰與不足？百姓不足，君孰與足？」

【譯文】

哀公問有若：「饑荒年，國庫空，怎麼辦？」有若說：「何不實行什一稅率呢？」哀公說：「十分抽二我還不夠，怎麼能用十分抽一的稅法？」有若說道：「百姓富裕了，您還會不富裕？百姓貧窮了，您哪來富裕？」

【注釋】

有若 字子有，魯國人。 **盍徹乎** 盍，何不。徹，西周一種田稅制度。舊注曰：「什一而稅謂之徹。」 **二** 抽取十分之二的稅。

12.10

子張問崇德辨惑。子曰：「主忠信，徙義，崇德也。愛之欲其生，惡之欲其死；既欲其生，又欲其死，是惑也！」（誠不以富，亦祇以異。）

【譯文】

子張問怎樣提高品德，明辨疑惑。孔子說：「以忠信誠實為原則，認真實踐該做的事，這樣就能增進德行。喜歡一個人的時候，希望他活久一點，討厭他時，又希望他早點死去。既要他生，又要他死，這就是迷惑。」

【注釋】

崇德 增進德行。 **辨惑** 辨明迷惑、破除迷惑。 **主忠信** 以忠信為做人處事的原則。 **徙義** 徙，遷移。向義遷移，按義去做。指歸正自己不合道德的思想言行。 **誠不以富，亦祇以異** 這是《詩經．小雅．我行其野》篇的最後兩句。此詩表現了一個被遺棄的女子對丈夫喜新厭舊的憤怒情緒。孔子在這裡引此句，令人費解。程頤說是「錯簡」。

12.11

齊景公問政於孔子。孔子對曰：「君君、臣臣、父父、子子。」公曰：「善哉！信如君不君、臣不臣、父不父、子不子，雖有粟，吾得而食諸？」

【譯文】

齊景公問孔子為政治國的方法。孔子答說：「君王盡君王之義務，臣子負臣子的責任，父親盡父親的義務，兒子負兒子的責任。」齊景公說：「這番話說得太好了，如果君不像君，臣不像臣，父不像父，子不像子，縱然有糧餉俸祿，我怎能來享用它呢？」

【注釋】

齊景公 名杵臼，齊國國君。　**粟** 指糧餉、俸祿。

12.12

子曰：「片言可以折獄者，其由也與！」子路無宿諾。

【譯文】

孔子說：「根據一面之詞就可以判決案件的，大概只有仲由吧！」子路答應的事絕不拖延。

【注釋】

片言 單方面的陳述。 **折獄** 獄，案件。即斷案。 **宿諾** 久留而不履行的諾言。

12.13

子曰：「聽訟，吾猶人也，必也使無訟乎！」

【譯文】

孔子說：「審案，我跟別人差不多。如果一定要有所不同，我希望使訴訟完全消失。」

【注釋】

聽訟 審理訴訟案件。訟，訴訟。 **使無訟** 使人們之間沒有訴訟案件之事。

12.14

子張問政。子曰：「居之無倦，行之以忠。」

【譯文】

子張問如何治理政事。孔子說：「在職位上不懈怠，執行政事要忠誠。」

【注釋】

居 指居心或坐下來處理事情。 **行** 指行事或出門執行政令。

12.15

子曰：「君子博學於文，約之以禮，亦可以弗畔矣夫！」

【譯文】

孔子說：「君子廣博地學習書本上的知識，又以禮來約束自己，也就可以不違背正道了。」

【注釋】

約 約束，簡要。 **畔** 同「叛」。 **矣夫** 語氣詞，表示較強烈的感嘆。

12.16

子曰：「君子成人之美，不成人之惡。小人反是。」

【譯文】

孔子說：「君子成全別人的美德、好事，而不助長別人的罪惡、壞事。小人則與此相反。」

【注釋】

成人之美 成全別人的美德、好事。 **反是** 是，此。反是，與此相反。

12.17

季康子問政於孔子。孔子對曰：「政者，正也。子帥以正，孰敢不正？」

【譯文】

季康子請教孔子政治的做法。孔子回答說：「政的意思就是正。您以正直做表率，誰還敢不走上正道呢？」

【注釋】

對曰 孔子回答身分比他高的人的問題時，都用「對曰」。 **帥** 率先垂範、以身作則的意思。

12.18

季康子患盜，問於孔子。孔子對曰：「苟子之不欲，雖賞之不竊！」

【譯文】

季康子因盜賊太多而煩惱，向孔子請教怎麼辦。孔子回答說：「如果您不貪求財富，即使盜竊有賞，也不會有人去做啊！」

【注釋】

患 擔憂。 **苟** 假如，如果。 **子** 你。 **竊** 偷盜。

12.19

季康子問政於孔子曰：「如殺無道，以就有道，何如？」孔子對曰：「子為政，焉用殺？子欲善，而民善矣。君子之德風，小人之德草，草上之風必偃。」

【譯文】

季康子問政：「如果殺掉惡人，親近有道德的人，這樣做如何？」孔子說：「您治理政事，何必要殺人呢？您有心為善，百姓就會跟著為善。執政者的言行像風一樣，百姓的品德像草一樣，風吹在草上，草必隨風倒。」

【注釋】

季康子 姓季孫名肥，「康」為諡號，春秋魯國卿大夫，魯三家之一。**無道** 沒有道德的壞人。**就** 親近、依從。**有道** 有道德的好人。**小人** 指普通百姓。**草上之風** 上，加。指風加於草上。**偃** 撲倒。

12.20

子張問：「士何如斯可謂之達矣？」子曰：「何哉，爾所謂達者？」子張對曰：「在邦必聞，在家必聞。」子曰：「是聞也，非達也。夫達也者，質直而好義，察言而觀色，慮以下人，在邦必達，在家必達。夫聞也者，色取仁而行違，居之不疑，在邦必聞，在家必聞。」

【譯文】

子張問：「讀書人怎樣才可以稱為通達？」孔子說：「你說的通達是什麼意思？」子張答道：「在諸侯之國任官一定成名，在大夫之家任職也一定有名聲。」孔子說：「這只是成名，不是通達。所謂達，那是要本質正直，愛好行義，認真聽人說話、觀人神色，經常想著謙恭待人。這樣的人，在諸侯之國任官一定通達，在大夫之家任職一定通達。至於成名的人，只是外表忠厚，而行動卻是另一回事，自己還以仁人自居而不慚愧，這種人在諸侯之國任官一定會騙取名望，在大夫之家任職也一定會騙取名望。」

【注釋】

達 通達，顯達。 **聞** 有名望。 **下人** 對人謙恭有禮。下，動詞。

12.21 樊遲從遊於舞雩之下，曰：「敢問崇德、修慝、辨惑。」子曰：「善哉問！先事後得，非崇德與？攻其惡，無攻人之惡，非修慝與？一朝之忿，忘其身以及其親，非惑與？」

【譯文】

樊遲陪孔子在舞雩臺下散步，說：「請問如何增進德行、消除積怨與辨別迷惑？」孔子說：「問得好！先努力工作，然後再想收穫的事，不就是提高品德了嗎？批判自己過錯，而不要批判別人的過錯，不是可以消除積怨嗎？由於一時的氣憤，就忘記了自身的安危，甚至忘了自己的父母，這不就是迷惑嗎？」

【注釋】

舞雩 祈雨的地方。 **修慝** 修，改正。慝，藏在心裡的積怨。這裡是指改正邪惡的念頭。 **先事後得** 先致力於事，把利祿放在後面。 **攻** 批評。 **忿** 忿怒，氣憤。

12.22

樊遲問仁。子曰：「愛人。」問知。子曰：「知人。」樊遲未達。子曰：「舉直錯諸枉，能使枉者直。」樊遲退，見子夏曰：「鄉也，吾見於夫子而問知，子曰：『舉直錯諸枉，能使枉者直』，何謂也？」子夏曰：「富哉言乎！舜有天下，選於眾，舉皋陶，不仁者遠矣。湯有天下，選於眾，舉伊尹，不仁者遠矣。」

【譯文】

樊遲請教如何行仁。孔子說：「愛人。」樊遲問什麼是智，孔子說：「知人。」樊遲還不明白。孔子說：「提拔正直的人，使他們位於偏曲的人之上，就能使偏曲者歸正。」樊遲退出房間，見到子夏說：「剛才我見到老師，問他什麼是智，他說『提拔正直的人，使他們位於偏曲的人之上，這樣就能使邪者歸正。』這是什麼意思？」子夏說：「這話說得多麼深刻呀！

舜統治天下時，在眾人中逃選人才，提拔了皋陶，不仁的人就自然疏遠了。湯有了天下，在眾人中挑選人才，把伊尹提拔出來，不仁的人就自然疏遠了。」

【注釋】

舉直錯諸枉 錯，同「措」，放置。諸，是「之於」二字的合音。枉，不正直，邪惡。意為選拔直者，罷黜枉者。 **鄉** 同「向」，過去。 **皋陶** 傳說中舜時掌握刑法的大臣。 **遠** 動詞，遠離，遠去。 **湯** 商朝的第一個君主，名履。 **伊尹** 湯的宰相，曾輔助湯滅夏興商。

12.23

子貢問友。子曰：「忠告而善道之，不可則止，毋自辱焉。」

【譯文】

子貢請教交友之道。孔子說：「朋友若有過錯，要真誠相告且委婉勸導，他若不聽就算了，以免自取其辱。」

【注釋】

忠 本意是「忠心」，此理解為「真誠」。 **道** 引導。

12.24

曾子曰：「君子以文會友，以友輔仁。」

【譯文】

曾子說：「君子用文章學問來結交朋友，靠朋友來幫助自己走上人生的正路。」

【注釋】

曾子 曾參，字子輿，春秋時魯國人。是孔子的弟子，為人正直，以孝聞名。 **會** 結交。 **輔** 輔助。

子路篇

13.1

子路問政，子曰：「先之，勞之。」請益。曰：「無倦。」

【譯文】

子路請教從政的做法。孔子說：「身先士卒，教人勤奮。」子路請求再多說一點。孔子說：「不要懈怠。」

【注釋】

先之勞之 先，引導，先導，即教化。之，指老百姓。指自己帶頭做事，使百姓勤勞。 **益** 請求增加一些。 **無倦** 不厭倦，不鬆懈。

13.2

仲弓為季氏宰，問政。子曰：「先有司，赦小過，舉賢才。」曰：「焉知賢才而舉之？」子曰：「舉爾所知，爾所不知，人其舍諸？」

【譯文】

仲弓當了季氏的總管，向孔子請教為政的道理。孔子說：「使下屬各司其職，寬容小錯，提拔賢才。」仲弓問：「怎知誰是賢才而提拔？」孔子說：「舉用你所認識的人，你不知道的，別人難道會埋沒他嗎？」

【注釋】

有司 古代負責具體事務的官吏。 **賢才** 有德、有能者。

13.3

子路曰：「衛君待子而為政，子將奚先？」子曰：「必也正名乎！」子路曰：「有是哉？子之迂也。奚其正？」子曰：「野哉由也！君子於其所不知，蓋闕如也。名不正，則言不順；言不順，則事不成；事不成，則禮樂不興；禮樂不興，則刑罰不中；刑罰不中，則民無所措手足。故君子名之必可言也，言之必可行也。君子於其言，無所苟而已矣。」

【譯文】

子路說：「如果衛國的君主請您去治理國政，您要先做什麼？」孔子說：「一定是正名分呀！」子路說：「是這樣的嗎？您太迂闊了，名分有什麼好糾正的呢？」孔子說：「由真魯莽呀！君子對於不懂的事情，一般都存疑不說。名分不糾正，言論就不合理；言論不合理，事情就辦不成；事情辦不成，禮樂就不能推行；禮樂不能推行，刑罰就失去標準；刑罰失去一定標準，百姓就會手足無措，不知如何是好。所以君子一定要定下一個名分，必須能夠說得明白，說出來一定能夠行得通。君子對於自己的言行，是從不馬馬虎虎對待的。」

【注釋】

衛君 衛出公，名輒，衛靈公之孫。其父蒯聵被衛靈公驅逐出國，衛靈公死後，蒯輒繼位，蒯聵要回國爭奪君位，遭到蒯輒拒絕。孔子對此事提出了自己的看法。**奚**什麼。**正名** 即正名分。**迂** 迂腐。**闕** 同「缺」，存疑的意思。**中** 得當。**苟** 苟且，馬馬虎虎。

13.4 樊遲請學稼。子曰：「吾不如老農。」請學為圃。曰：「吾不如老圃。」樊遲出。子曰：「小人哉，樊須也！上好禮，則民莫敢不敬；上好義，則民莫敢不服；上好信，則民莫敢不用情。夫如是，則四方之民，襁負其子而至矣，焉用稼？」

【譯文】

樊遲向孔子請求學農。孔子說：「我不如農夫。」樊遲又請教如何種菜。孔子說：「我不如老菜農。」樊遲退出，孔子說：「樊須真是沒志氣。在上位者好禮，百姓不敢不敬畏；在上位者好義，百姓不敢不服從；在上位的人愛好誠信，百姓不敢不真心。能做到這樣，四方百姓就會攜兒帶女來歸順，何必自己去種田呢？」

【注釋】

圃 菜地，引申為種菜。 **用情** 以真心實情來對待。 **襁** 背負嬰兒用的布巾。

13.5

子曰：「誦《詩》三百，授之以政，不達。使於四方，不能專對；雖多，亦奚以為？」

【譯文】

孔子說：「把《詩》三百篇背得很熟，讓他處理政務，卻不會辦事；讓他當外交使節，不能獨當一面；這樣書讀得再多又有什麼用呢？」

【注釋】

達 通達。指擅長運用的意思。　**專對** 單獨應對。　**以** 用。

13.6 子曰：「其身正，不令而行；其身不正，雖令不從。」

【譯文】 孔子說：「政治領袖自己行為端正，不必下令，百姓也會自覺去做；如果他行為不端正，即使下令要求，百姓也不會服從。」

【注釋】

正 行為端正。

令 教令。

13.7 子曰：「魯衛之政，兄弟也。」

【譯文】 孔子說：「魯衛兩國的政事相似，像兄弟一樣。」

【注釋】 魯國是周公旦的封地，衛國是康叔的封地，周公和康叔都是周武王的弟弟，因此稱兩國為兄弟之國。但當時魯衛兩國同樣衰微不振，孔子因而有此感嘆。

13.8

子謂衛公子荊：「善居室。始有，曰：『苟合矣。』少有，曰：『苟完矣。』富有，曰：『苟美矣。』」

【譯文】

孔子談到衛國的公子荊，說他善於管理經濟，居家理財。剛開始有一點積蓄，他說：「差不多也就夠了。」稍多一點時，他說：「差不多就算完備了。」富有時，他說：「差不多算是完美了。」

【注釋】

衛公子荊 衛國大夫，字南楚，衛獻公的兒子。 **善居室** 善於管理經濟，居家過日子。 **苟** 差不多。 **合** 足夠。

13.9

子適衛，冉有僕。子曰：「庶矣哉！」冉有曰：「既庶矣，又何加焉？」曰：「富之。」曰：「既富矣，又何加焉？」曰：「教之。」

【譯文】

孔子到衛國去，冉有為他駕車。孔子說：「人口真多呀！」冉有說：「人口已經夠多了，還要再做什麼呢？」孔子說：「使他們富裕。」冉有說：「富了以後又還要做些什麼？」孔子說：「教育他們。」

【注釋】

適 到，往。 **僕** 駕車。 **庶** 眾多，這裡指人口多。

13.10 子曰：「苟有用我者，期月而已可也，三年有成。」

【譯文】

孔子說：「只要有肯用我的，一年就能初見成效，三年便有成績。」

【注釋】

期月 一整年，謂一年之十二月也。

13.11 子曰：「『善人為邦百年，亦可以勝殘去殺矣。』誠哉是言也！」

【譯文】

孔子說：「古人說：『善人治理國家，經過一百年，也就可以感化殘暴的人，去除殺戮的刑罰了。』這話真對呀！」

【注釋】

殘 暴戾兇惡的人。　**殺** 代指死刑。

13.12 子曰：「如有王者，必世而後仁。」

【譯文】

孔子說：「如果有實行王道的人，也一定要經過三十年才能實行仁政。」

【注釋】

如 假設。 **王** 能安邦治國、實行德政的君主。 **必** 必然、必定。 **世** 三十年為一世。 **仁** 指仁政。

13.13 子曰：「苟正其身矣，於從政乎何有？不能正其身，如正人何？」

【譯文】

孔子說：「如果端正了自身的行為，管理政事還有什麼困難呢？如果不能端正自身的行為，又怎能使別人端正呢？」

【注釋】

苟 如果、假使。 **何有** 何難之有。

13.14

冉子退朝，子曰：「何晏也？」對曰：「有政。」子曰：「其事也！如有政，雖不吾以，吾其與聞之！」

【譯文】

冉求退朝回來，孔子說：「為什麼回來得這麼晚呀？」冉求說：「有政務。」孔子說：「是私事吧？如果有政事，雖然國君不用我了，我也會知道的。」

【注釋】

冉子退朝 冉有是季氏家臣，此處指大夫自家治事之朝，即私朝。 **晏** 遲，晚。

其事也 那只是家事吧。其，那。 **吾以** 用我。以，用。 **與聞** 知道其事。

13.15

定公問：「一言而可以興邦，有諸？」孔子對曰：「言不可以若是其幾也！人之言曰：『為君難，為臣不易。』如知為君之難也，不幾乎一言而興邦乎？」曰：「一言而喪邦，有諸？」孔子對曰：「言不可以若是其幾也。人之言曰：『予無樂乎為君，唯其言而莫予違也。』如其善而莫之違也，不亦善乎？如不善而莫之違也，不幾乎一言而喪邦乎？」

【譯文】

魯定公問：「一句話就可以使國家興盛，有這樣的話嗎？」孔子答道：「不可能有這樣的話，但有近乎於這樣的話。有人說：『做君難，做臣不易。』如果知道了做君的難，不是幾乎靠這一句話就可以使國家興盛嗎？」魯定公又問：「一句話可以亡國，有這樣的話嗎？」孔子回答說：「不可能有這樣的話，但有近乎這樣的話。有人說過：『我做君主並沒有什麼可高興的，除了我說的話沒有人敢違背之外。』如果說得對而沒有人違抗，不也很好嗎？如果說得不對而沒有人違抗，那不就近乎於一句話可以亡國嗎？」

【注釋】

幾 差不多。

13.16

葉公問政。子曰：「近者說，遠者來。」

【譯文】

葉公請教政治的道理。孔子說：「使境內的人幸福，使境外的人來歸。」

【注釋】

葉公 楚國大夫。因楚國國君自稱楚王，故楚國大夫也稱「公」。 **近** 近者，指國境之內的人。 **遠者** 遠方的人，指國境之外的人。

13.17

子夏為莒父宰，問政。子曰：「無欲速，無見小利；欲速則不達，見小利則大事不成。」

【譯文】

子夏做莒父的縣長，請教政治的做法。孔子說：「不要貪快，不要只顧小利。只求速度，往往達不到目的；貪圖小利，就做不成大事。」

【注釋】

莒父 魯國邑名，今山東高密縣東南。

13.18

葉公語孔子曰：「吾黨有直躬者，其父攘羊而子證之。」孔子曰：「吾黨之直者異於是，父為子隱，子為父隱，直在其中矣。」

【譯文】

葉公對孔子說：「我家鄉有個正直的人名叫躬，他父親偷羊，他親自去檢舉。」孔子說：「我家鄉正直的人做法不同：父為子隱瞞，子為父隱瞞，正直的道理就在其中了。」

【注釋】

黨 古代地方組織，以五百家為一黨。 **直躬** 楚國一個正直的人，名字叫躬。 **攘** 偷竊。 **隱** 隱瞞。

13.19

樊遲問仁。子曰：「居處恭，執事敬，與人忠。雖之夷狄，不可棄也。」

【譯文】

樊遲請教如何行仁。孔子說：「平日態度莊重，工作認真負責，待人真誠。即使到了偏遠之地，也不可捨棄這些準則。」

【注釋】

居處恭 居處，日常起居。恭，態度端莊。 **執事敬** 執事，執行任務。敬，敬慎認真。 **與人** 和人交往。 **之** 往、到。 **夷狄** 古稱四境未開化的民族。

13.20 子貢問曰：「何如斯可謂之士矣？」子曰：「行己有恥，使於四方，不辱君命，可謂士矣。」曰：「敢問其次。」曰：「宗族稱孝焉，鄉黨稱弟焉。」曰：「敢問其次。」曰：「言必信，行必果，硜硜然小人哉！抑亦可以為次矣。」曰：「今之從政者何如？」子曰：「噫！斗筲之人，何足算也！」

【譯文】

子貢問：「怎樣才能算個真正的士呢？」孔子說：「做事時，要有羞恥之心；出使外國時，不辱使命。就可以成為士了。」子貢說：「請問次一等的呢？」孔子說：「同宗族的人稱讚他孝順，同鄉的人稱讚他尊敬師長。」子貢說：「請問再次一等的呢？」孔子說：「說到做到，做事果斷，這種一板一眼的人，也可以算最次的士了。」子貢又問：「當前的政治人物怎麼樣？」孔子說：「唉，像斗筲一樣器量狹小的人，算什麼呢？」

【注釋】

士 古代稱讀書人為士。 **行己有恥** 一個人行事，凡自己認為可恥的就不去做。 **言必信，行必果** 說到做到，行動堅決。 **硜硜** 擊石聲，言能堅然自守。 **筲** 盛飯用的竹器，客斗二升，指器之小者。

13.21

子曰：「不得中行而與之，必也狂狷乎！狂者進取，狷者有所不為也。」

【譯文】

孔子說：「找不到行為適中的人交往，就只能與志向高遠或潔身自好的人交往。志向高遠者奮發向上，潔身自好者有所不為。」

【注釋】

中行 行為合乎中庸。　**與** 另解釋為授與學問之意。　**狷** 拘謹，有所不為。

13.22

子曰：「南人有言曰：『人而無恆，不可以作巫醫。』善夫！『不恆其德，或承之羞。』」子曰：「不占而已矣。」

【譯文】

孔子說：「南方人有句話：『人無恆心，連巫醫也當不好。』說得好啊！易經上說：『不能堅守德操，就會蒙受羞辱。』」孔子說：「無恆之人一事無成，你替他占卜也不靈。」

【注釋】

巫醫 用卜筮為人治病的人。 **不恆其德，或承之羞** 此易恆卦之辭，言德無常，則羞辱承之。 **占** 占卜。

13.23

子曰：「君子和而不同，小人同而不和。」

【譯文】

孔子說：「君子與人相處，協調差異卻不強求一致；小人所見平庸，強求一致而不協調差異。」

【注釋】

和 就像演奏音樂時，各種樂器雖然聲音不同，配合起來卻很和諧。

13.24

子貢問曰：「鄉人皆好之，何如？」子曰：「未可也。」「鄉人皆惡之，何如？」子曰：「未可也。不如鄉人之善者好之，其不善者惡之。」

【譯文】

子貢問孔子說：「全鄉人都喜歡他、讚揚他，這個人怎麼樣？」孔子說：「這還不能肯定。」子貢又問孔子說：「全鄉人都厭惡、憎恨他，這個人怎麼樣？」孔子說：「這也是不能肯定的。最好的人是全鄉的好人都喜歡他，全鄉的壞人都厭惡他。」

【注釋】

鄉人 同鄉的人。　**好** 喜歡。　**未可** 還不能肯定。

13.25

子曰：「君子易事而難說也。說之不以道，不說也；及其使人也，器之。小人難事而易說也。說之雖不以道，說也；及其使人也，求備焉。」

【譯文】

孔子說：「君子容易服侍而很難討好，不依正當途徑去討好，他是不會高興的；但當他用人時，總能量材而用。小人很難服侍而容易討好，討好他雖然不照正道，他也高興；但等他用人時，卻總是百般挑剔。」

【注釋】

事 侍奉。 **說** 同「悅」。 **使** 役使、派遣。 **器之** 量才而用。 **求備** 求全責備，苛求完美。

13.26

子曰：「君子泰而不驕，小人驕而不泰。」

【譯文】

孔子說：「君子坦蕩而不驕狂，小人驕狂而不坦蕩。」

【注釋】

泰 泰然自若，坦蕩舒暢。 **驕** 傲慢，驕傲自大。

13.27

子曰：「剛毅木訥，近仁。」

【譯文】

孔子說：「剛正、堅毅、樸實、話少，這四種品德接近於仁。」

【注釋】

剛 堅強。 **毅** 果決。 **木** 質樸。 **訥** 說話遲鈍，此處指言語謹慎。

13.28

子路問曰：「何如斯可謂之士矣？」子曰：「切切偲偲，怡怡如也，可謂士矣。朋友切切偲偲，兄弟怡怡。」

【譯文】

子路問：「怎樣才算真正的士呢？」孔子說：「互相督促勉勵，相處和和氣氣，可以算是士了。朋友之間要互相切磋勉勵，兄弟之間要和和氣氣。」

【注釋】

偲偲 勉勵、督促、誠懇的樣子。　**怡怡** 和氣、親切、順從的樣子。

13.29

子曰：「善人教民七年，亦可以即戎矣。」

【譯文】

孔子說：「賢人教導人民七年，就可以叫他們從軍作戰了。」

【注釋】

善人 指有德的人。 **即戎** 上戰場。

13.30

子曰：「以不教民戰，是謂棄之。」

【譯文】

孔子說：「用沒有受過訓練的百姓去打仗，就是讓他們去送命。」

【注釋】

教 訓練。 **棄** 捨棄。

憲問篇

14.1 憲問恥。子曰：「邦有道，穀；邦無道，穀，恥也。」「克、伐、怨、欲，不行焉，可以為仁矣？」子曰：「可以為難矣，仁則吾不知也。」

【譯文】

原憲請教什麼是恥辱。孔子說：「當國家有道的時候，受食俸祿；國家無道而做官領俸祿，這就是可恥。」原憲又問：「好勝、自誇、怨恨、貪婪，這幾種毛病都沒有的人，可以算仁嗎？」孔子說：「可以算難得了。若要說是仁人，我還不確定。」

【注釋】

憲 孔子的學生原憲，字子思，孔子仕魯期間，原憲擔任孔子的家宰，但據說在孔子過世後，就隱居不仕。 **邦** 諸侯之國。 **有道** 指君主有德而國政修明。 **穀** 古代以米穀計算俸祿。 **克伐怨欲** 指好勝、驕傲、怨恨、貪婪四種惡德。

14.2

子曰：「士而懷居，不足以為士矣！」

【譯文】

孔子說：「士如果貪戀安逸的生活，就不配作士了。」

【注釋】

士 指有志於道者，即有學識、有德行、有抱負者。 **懷** 貪戀。 **居** 指閒居時的悠閒安樂。

14.3

子曰：「邦有道，危言危行；邦無道，危行言孫。」

【譯文】

孔子說：「治世中，正直地說話，正直地做事；亂世中，正直地做事，說話則要謙遜。」

【注釋】

危 直，正直。 **孫** 同「遜」。

14.4

子曰：「有德者必有言，有言者不必有德。仁者必有勇，勇者不必有仁。」

【譯文】

孔子說：「有德行的人一定有善言，有口才的人卻不一定有德行。行仁的人一定有勇氣，勇敢的人卻不一定能行仁。」

【注釋】

不必 不一定。

14.5 南宮适問於孔子曰：「羿善射，奡盪舟，俱不得其死然。禹稷躬稼而有天下。」夫子不答。南宮适出，子曰：「君子哉若人！尚德哉若人！」

【譯文】

南宮适向孔子問道：「羿善於射箭、奡善於划船水戰，但都不得好死。禹和稷親自耕種，卻取得了天下。」孔子沒有回答。南宮适出去後，孔子說：「這人真是個君子呀！這人真崇尚道德呀！」

【注釋】

南宮适 即南容。 **羿** 相傳是夏代有窮國的國君，善於射箭，後被其臣寒浞所殺。 **奡** 相傳是寒浞的兒子，擅長水戰。 **盪舟** 用手推船。 **禹稷** 禹，夏朝的開國之君，善於治水。稷，傳說是周朝的祖先，又為穀神，教民耕種。 **哉** 助詞，表示肯定語氣，相當於啊、呀。 **若** 代詞，意即這個、這樣。

14.6

子曰：「君子而不仁者有矣夫！未有小人而仁者也！」

【譯文】

孔子說：「君子有時候也會違背仁道！然而從來沒有小人會行仁的！」

【注釋】

君子 此指居上位者。

14.7

子曰：「愛之，能勿勞乎？忠焉，能勿誨乎？」

【譯文】

孔子說：「愛護一個人，能不讓他勞苦嗎？真心對待他，能不給他規勸嗎？」

【注釋】

勞 本義是辛勤勞動，操心操勞。 **忠** 本義忠誠無私，盡心竭力。 **焉** 相當於「之」。 **誨** 勸諫，教誨。

14.8 子曰：「為命，裨諶草創之，世叔討論之，行人子羽修飾之，東里子產潤色之。」

【譯文】

孔子說：「鄭國創制的外交公文，由裨諶起草，世叔審閱，子羽修飾，子產加以潤色。」

【注釋】

為命 創制外交文書。為，創作。命，此指外交文書。 **裨諶** 鄭國大夫。 **草創** 起草初稿。 **世叔** 名游吉，鄭國大夫。 **討論** 審議。 **行人子羽** 古代稱外交官為行人。子羽，鄭國大夫公孫揮的字。 **修飾** 修改。 **東里子產** 東里，地名。子產，鄭國大夫公孫僑。 **潤色** 指文字上的加工。

14.9

或問子產。子曰：「惠人也。」問子西。曰：「彼哉！彼哉！」問管仲。曰：「人也，奪伯氏駢邑三百，飯疏食，沒齒，無怨言。」

【譯文】

有人問子產是個怎樣的人。孔子說：「是個有恩惠於人的人。」又問子西。孔子說：「他呀！他呀！」又問管仲。孔子說：「他是個人才。他奪取了伯氏在駢邑的三百戶封地，使伯氏終生吃粗茶淡飯，可是直到老死也沒有怨言。」

【注釋】

子西 這裡的子西指楚國的公子申。 **彼哉** 他呀，他呀。這是古代流行的習慣語，表示輕視，猶言算得了什麼，不值得一提。 **人也** 即此人也。 **伯氏** 齊國的大夫。 **駢邑** 地名，伯氏的采邑，今山東臨朐一帶。 **沒齒** 表示老得都沒牙了。

14.10

子曰：「貧而無怨，難；富而無驕，易。」

【譯文】

孔子說：「貧苦之下，要不怨很難，富有卻不驕傲，比較容易做到。」

【注釋】

而 但是。**無怨** 不怨恨。

14.11

子曰：「孟公綽，為趙魏老則優，不可以為滕薛大夫。」

【譯文】

孔子說：「孟公綽做趙氏、魏氏的家臣，是才力有餘的，但不能做滕、薛這樣小國的大夫。」

【注釋】

孟公綽 魯國大夫，屬於孟孫氏家族。 **老** 這裡指古代大夫的家臣。 **優** 有餘。

滕、薛 當時魯國附近的兩個小國，在今山東滕縣一帶。

14.12

子路問成人，子曰：「若臧武仲之知，公綽之不欲，卞莊子之勇，冉求之藝，文之以禮樂，亦可以為成人矣。」曰：「今之成人者，何必然？見利思義，見危授命，久要不忘平生之言，亦可以為成人矣。」

【譯文】

子路問怎樣才是完備的人。孔子說：「有像臧武仲的智慧，孟公綽的清心寡欲，卞莊子的勇敢，冉求那樣多才多藝，再用禮樂文飾，就可以算是理想的人了。」孔子又說：「當今完人何必得這樣呢？看到利益能想想該不該得，面臨危難願犧牲生命，長期處於窮困也能信守不忘，這樣也可以算是個完人了。」

【注釋】

成人 人格完整，道德修養無缺點的人。 **臧武仲** 魯國大夫臧孫紇，以智慧聞名當時。 **知** 同「智」。 **公綽** 魯國大夫孟公綽。 **不欲** 清心寡欲。 **卞莊子** 魯國卞邑大夫，曾刺虎，是著名的勇士。**文** 修飾。**見危授命** 面臨危難，能不惜犧牲個人生命，全力以赴。**久要** 指長期窮困。要，約，窮困之意。

14.13

子問公叔文子於公明賈，曰：「信乎？夫子不言、不笑、不取乎？」公明賈對曰：「以告者過也！夫子時然後言，人不厭其言；樂然後笑，人不厭其笑；義然後取，人不厭其取。」子曰：「其然！豈其然乎？」

【譯文】

孔子向公明賈問起公叔文子，說：「先生不苟言笑、不貪錢財，是真的嗎？」公明賈回答道：「這是告訴你話的那個人說得誇張了。先生他到該說時才說，因此別人不討厭他說話；真正高興了才笑，因此別人不討厭他笑；合於禮要求的財利他才取，因此別人不討厭他取。」孔子說：「是這樣嗎？真有你說的那麼好嗎？」

【注釋】

公叔文子 衛國大夫公孫拔，衛獻公之子。諡號「文」。 **公明賈** 姓公明字賈，衛國人。 **夫子** 文中指公叔文子。 **以** 此處是「這個」的意思。 **時** 指適當的時候。

14.14 子曰：「臧武仲以防，求為後於魯，雖曰不要君，吾不信也。」

【譯文】

孔子說：「臧武仲據守防邑，請求魯君封臧為當繼承人，雖然有人說他不是要挾君主，但我是不相信的。」

【注釋】

防 臧武仲的封邑，今山東費縣附近。　**為** 臧為，臧武仲異母兄宣叔之子。　**後** 後嗣。　**要** 要挾。

14.15

子曰：「晉文公譎而不正，齊桓公正而不譎。」

【譯文】

孔子說：「晉文公詭詐而不正直，齊桓公正直而不詭詐。」

【注釋】

晉文公 姓姬名重耳，春秋時期政治家，著名的霸主之一。 **譎** 狡詐，玩弄手段。

齊桓公 姓姜名小白，春秋時期著名的霸主之一。

14.16

子路曰：「桓公殺公子糾，召忽死之，管仲不死。」曰：「未仁乎？」子曰：「桓公九合諸侯，不以兵車，管仲之力也。如其仁！如其仁！」

【譯文】

子路說：「齊桓公殺公子糾，召忽殉死，管仲卻仍然活著。管仲不算仁人吧？」孔子說：「齊桓公九合諸侯，不用武力，都是管仲的功勞。這就是他的行仁表現，這就是他的仁德。」

【注釋】

公子糾 齊桓公的哥哥。 **召忽** 管仲和召忽都是公子糾的家臣。公子糾被殺後，召忽自殺，管仲歸服於齊桓公，並當上了齊國的宰相。 **九合諸侯** 指齊桓公多次召集諸侯盟會。 **不以兵車** 即不用武力。 **如其仁** 這就是他的仁德。

14.17

子貢曰：「管仲非仁者與？桓公殺公子糾，不能死，又相之。」子曰：「管仲相桓公，霸諸侯，一匡天下，民到于今受其賜。微管仲，吾其被髮左衽矣。豈若匹夫匹婦之為諒也，自經於溝瀆，而莫之知也。」

【譯文】

子貢說：「管仲不算仁人吧？齊桓公殺公子糾時，管仲不但沒有以身殉死，反做了齊桓公的宰相。」孔子說：「管仲輔佐齊桓公，稱霸諸侯，一舉而使天下得到匡正，人民到現在還都受到他的恩惠。沒有管仲，恐怕我們已淪為夷狄，披頭散髮，穿著左邊開口的衣襟。他難道要像堅守小信的平凡人一樣，在山溝裡自殺而不為人知嗎？」

【注釋】

不能死 指桓公殺公子糾，管仲卻沒有以身相殉。**匡** 「正」的意思。管仲安定天下，召忽只是安守齊國，所以說管仲是「一匡天下」。**微** 假若沒有。**被** 同

「披」。**左衽** 衣襟向左邊開。披散頭髮、衣襟向左邊開是當時落後部族的打扮。

諒 此指小節方面的誠信。**自經** 自縊。**溝瀆** 小溝渠。

14.18

公叔文子之臣大夫僎，與文子同升諸公。子聞之，曰：「可以為文矣。」

【譯文】

公叔文子的家臣僎，和文子一同升做了衛國的大夫。孔子聽到這件事，說：「文子可以謚為文了。」

【注釋】

僎 公叔文子的家臣，名僎，後來由於文子的推薦，做了大夫。 **升諸公** 公，公室。這是說僎由家臣升為大夫，與公叔文子同位。

14.19

子言衛靈公之無道也。康子曰：「夫如是，奚而不喪？」孔子曰：「仲叔圉治賓客，祝鮀治宗廟，王孫賈治軍旅。夫如是，奚其喪？」

【譯文】

孔子說到衛靈公的昏庸無道時，季康子說：「既然這樣，衛國為什麼不敗亡呢？」孔子說：「有仲叔圉接待賓客，有祝鮀主管宗廟祭祀，有王孫賈統率軍隊。像這樣用人得當，衛國怎麼會敗亡？」

【注釋】

衛靈公 衛國國君，其夫人南子一度把持國政。 **康子** 即權臣季康子。 **奚而** 為什麼。 **仲叔圉** 衛國大夫孔圉。 **祝鮀** 字子魯。衛國大夫，世襲貴族。 **王孫賈** 衛國大夫。 **軍旅** 軍隊。

14.20

子曰：「其言之不怍，則為之也難。」

【譯文】

孔子說：「說話大言不慚，做起來就難了。」

【注釋】

怍 慚愧。

14.21

陳成子弒簡公。孔子沐浴而朝，告於哀公曰：「陳恆弒其君，請討之。」公曰：「告夫三子。」孔子曰：「以吾從大夫之後，不敢不告也。君曰：『告夫三子』者！」之三子告，不可。孔子曰：「以吾從大夫之後，不敢不告也！」

【譯文】

陳成子殺了齊簡公。孔子齋戒沐浴後，上朝向魯哀公報告：「陳恆殺了他的君主，請您出兵討伐。」哀公說：「去向三卿報告吧！」孔子說：「因為我做過大夫，不敢不報告。君主卻對我說去向三卿報告。」孔子向季孫等三卿報告，但他的意見沒有得到採納。孔子說：「因為我曾做過大夫，依禮不敢不報告呀！」

【注釋】

陳成子 即陳恆，齊國大夫，又叫田成子。殺死齊簡公，奪取了政權。 **簡公** 齊簡公，姓姜名壬。 **三子** 指季孫、孟孫、叔孫三家。 **從大夫之後** 孔子曾任過大夫職，但此時已經去官家居，所以說從大夫之後。

之 動詞，往。

14.22

子路問事君，子曰：「勿欺也，而犯之。」

【譯文】

子路請教如何服事君上，孔子說：「不要欺騙，可以犯顏直諫。」

【注釋】

欺 欺騙、欺負。 **犯之** 指君有過，可以犯顏直諫。

14.23

子曰：「君子上達，小人下達。」

【譯文】

孔子說：「君子不斷上進，實踐道義；小人往下墮落，追求利益。」

【注釋】

上 指仁義等方面的修養。 **下** 追求財利。

14.24

子曰：「古之學者為己，今之學者為人。」

【譯文】

孔子說：「古代的學者學習是為了修養自己，現在的學者是一心想要炫耀於人。」

【注釋】

為己 並非自私自利，而是為了改造自己、堅持信念，不為外在的目的而放棄自己的原則。 **為人** 一心想要表現，看社會需要什麼，就努力去迎合。

14.25

蘧伯玉使人於孔子。孔子與之坐而問焉。曰：「夫子何為？」對曰：「夫子欲寡其過而未能也。」使者出。子曰：「使乎！使乎！」

【譯文】

蘧伯玉派使者訪問孔子。孔子請使者坐下，然後問：「蘧先生最近在做什麼？」答說：「他想減少過錯，但還沒辦法做到。」使者出去後，孔子說：「好一位使者！好一位使者！」

【注釋】

蘧伯玉 衛國大夫，名瑗，字伯玉。 **使者對曰** 由句意可知使者年輕且地位較低，故用「對曰」。 **夫子** 指蘧伯玉。 **寡** 減少。

14.26

子曰：「不在其位，不謀其政。」曾子曰：「君子思不出其位。」

【譯文】

孔子說：「不是擔任某一職位，就不要考慮那個職位上的事。」曾子說：「君子思慮問題，從不超過他所處的地位。」

【注釋】

「不在其位」二句 已見〈泰伯篇〉第十四章。 **君子思不出其位** 見於《周易・艮卦》的象辭，是說君子要守其分，不越其職。

14.27

子曰：「君子恥其言而過其行。」

【譯文】

孔子說：「君子認為自己如果說得多而做得少，是一件可恥的事。」

【注釋】

與《禮記．表記》說：「君子恥有其辭而無其德，有其德而無其行。」同義。

14.28

子曰：「君子道者三，我無能焉：仁者不憂，知者不惑，勇者不懼。」子貢曰：「夫子自道也。」

【譯文】

孔子說：「君子有三種美德，我還沒做到：行仁的人不憂慮，明智的人不迷惑，勇敢的人不懼怕。」子貢說：「老師這是在說自己呢！」

【注釋】

知 通「智」。 **自道** 自述。

14.29 子貢方人。子曰：「賜也，賢乎哉？夫我則不暇。」

【譯文】

子貢評論別人，孔子說：「賜啊，你就那麼好嗎？要是我可沒這個閒工夫去批評別人。」

【注釋】

方人 評論他人的優劣。方，比較。

14.30 子曰：「不患人之不己知，患其不能也。」

【譯文】

孔子說：「不擔心沒人知道自己，就怕自己沒有能力。」

【注釋】

患 憂慮。 **不己知** 不知道自己。

14.31

子曰：「不逆詐，不億不信，抑亦先覺者，是賢乎！」

【譯文】

孔子說：「不事先懷疑別人欺詐，不預先揣度別人會失信，但是卻又能及早覺察到欺詐和撒謊，這樣的人就是賢人了吧！」

【注釋】

患 憂慮。　**不己知** 不知道自己。

14.32

微生畝謂孔子曰：「丘，何為是栖栖者與？無乃為佞乎？」

孔子曰：「非敢為佞也，疾固也。」

【譯文】

微生畝對孔子說：「你為什麼這樣忙碌不安的樣子呢？莫不是要逞顯口才討好別人吧？」孔子說：「我不敢逞顯口才取悅於人，是厭惡固陋才不得不如此。」

【注釋】

微生畝 魯國人。 **是** 如此。 **栖栖** 不安寧的樣子。 **無乃** 莫不是。 **疾固** 疾，討厭。固，固執。

14.33

子曰：「驥不稱其力，稱其德也。」

【譯文】

孔子說：「千里馬值得稱讚的不是牠的力氣，而是牠的德行馴良。」

【注釋】

驥 千里馬。古代稱善跑的馬為驥。 **德** 此指千里馬能吃苦耐勞的德性。

14.34

或曰：「以德報怨，何如？」子曰：「何以報德？以直報怨，以德報德。」

【譯文】

有人問道：「以恩惠去回應恨，這樣如何？」孔子說：「那要以什麼來回應恩惠呢？應該以正直來回應怨恨，以恩惠來回應恩惠。」

【注釋】

或 有人。 **以德報怨** 不記仇恨，反以恩德回報他人。 **以直報怨** 用合於道理的正直態度對待仇恨。 **以德報德** 別人用恩德對待我，我也同樣用恩德回報他。

14.35

子曰：「莫我知也夫！」子貢曰：「何為其莫知子也？」子曰：「不怨天，不尤人，下學而上達，知我者其天乎！」

【譯文】

孔子說：「沒人了解我啊！」子貢說：「怎麼說沒人了解您呢？」孔子說：「我既不怨恨天，也不責怪人，我學習世間的知識，從中領悟了深奧的道理。瞭解我的，大概只有天吧！」

【注釋】

莫我知 莫，沒有。「莫我知」即「莫知我」的倒裝句，沒有人了解我。**尤** 責怪。**下學** 從身邊的事物開始學習，乃至學詩、學文、學禮樂等。**上達** 曉達德義，乃至達於天命、本性、天道等。**其** 大概，表示揣測。

14.36

公伯寮愬子路於季孫，子服景伯以告，曰：「夫子固有惑志於公伯寮，吾力猶能肆諸市朝。」子曰：「道之將行也與，命也；道之將廢也與，命也。公伯寮其如命何？」

【譯文】

公伯寮在季孫面前說子路壞話。子服景伯告訴孔子說：「季孫氏已被公伯寮迷惑了，但我有能力對付他，讓他的屍首示眾。」孔子說：「道若能行於世，是天意；如不能行於世，也是天意。公伯寮能把天命怎麼樣呢？」

【注釋】

公伯寮 姓公伯名寮，孔子的學生，曾任季氏家臣。**愬** 讒言誹謗。**子服景伯** 魯國大夫，姓子服名伯，諡號「景」。**夫子** 指季孫。**肆諸市朝** 古時處死罪人後陳屍示眾。

14.37

子曰：「賢者辟世，其次辟地，其次辟色，其次辟言。」子曰：「作者七人矣。」

【譯文】

孔子說：「德行完備的人看見天下無道，隱居不出，其次是離開政治混亂的國家；再其次的，見到君上待己之禮逐漸疏陋，有厭己之意，則離去；再更其次的，迴避惡言。」孔子說：「這樣做的已經有七個人了。」

【注釋】

辟世 辟，同「避」，迴避。辟世指隱居不出。**作者** 指見機引退的人。七人有人說是堯、舜、禹、湯、文、武、周公，一說是伯夷、叔齊、虞仲、夷逸、朱張、柳下惠、少連，歷來說法不一。

14.38

子路宿於石門。晨門曰：「奚自？」子路曰：「自孔氏。」曰：「是知其不可而為之者與？」

【譯文】

子路在石門住了一夜。第二天清早入城，守門的人說：「從哪兒來？」子路答：「從孔家來。」守門的人說：「是那個明知不可為而為的人嗎？」

【注釋】

石門 魯城外門。**晨門** 掌管城門開閉的人。

14.39

子擊磬於衛。有荷蕢而過孔氏之門者，曰：「有心哉，擊磬乎！」既而曰：「鄙哉，硜硜乎！莫己知也，斯已而已矣！『深則厲，淺則揭。』」子曰：「果哉！末之難矣！」

【譯文】

孔子在衛國時，有一天正在擊磬。一人挑著草筐由門外經過，說：「這磬聲含有深意啊！」他又說：「這聲音聽起來太過執著了。沒人了解自己，管好自己就算了。詩經說：『水深就穿著衣服走過去，水淺不妨撩起衣裳走過去。』」孔子說：「有這種堅決棄世之心，我對他也無可非難了。」

【注釋】

荷蕢 擔草筐的人，意即隱士。**硜硜** 擊磬的聲音。**厲** 不脫衣涉水。**揭** 提起衣襟涉水。「深則厲，淺則揭」引自《詩經・衛風・匏有苦葉》。**末** 無。**難** 責問。

14.40

子張曰：「《書》云：『高宗諒陰，三年不言。』何謂也？」子曰：「何必高宗，古之人皆然。君薨，百官總己以聽於冢宰，三年。」

【譯文】

子張問：「尚書上說：『商朝的高宗居喪，三年不議政。』是什麼意思？」

孔子說：「不僅高宗，古人都這樣。國君死了，百官三年內都聽從宰相安排，各司其職。」

【注釋】

高宗諒陰三年不言 見《尚書·無逸》。高宗，商王武丁。諒陰，古時天子居喪，政事全權委託大臣處理，默而不言。 **薨** 周代諸侯死稱薨。 **冢宰** 即太宰。位次三公，為六卿之首。

14.41

子(ㄗˇ)曰(ㄩㄝ)：「上(ㄕㄤˋ)好(ㄏㄠˋ)禮(ㄌㄧˇ)，則(ㄗㄜˊ)民(ㄇㄧㄣˊ)易(ㄧˋ)使(ㄕˇ)也(ㄧㄝˇ)。」

【譯文】

孔子說：「在上位的人事事遵照禮節去做，人民就容易使喚了。」

【注釋】

使 使喚，役使。

14.42

子路問君子。子曰：「修己以敬。」曰：「如斯而已乎？」曰：「修己以安人。」曰：「如斯而已乎？」曰：「修己以安百姓。修己以安百姓，堯舜其猶病諸！」

【譯文】

子路問怎樣才算君子，孔子說：「修養自己，對人恭敬謙遜。」子路再問：「這樣就行了嗎？」孔子說：「修養自己，使身邊的人都能得到安樂。」子路又問：「這樣就行了嗎？」孔子說：「修養自己，使百姓生活安樂，這一點，堯舜大概都還做不到呢！」

【注釋】

修己以敬 即修身以禮。　**安人** 使人生活安樂。　**病** 不易。　**諸** 指修己以安百姓。

14.43

原壤夷俟。子曰：「幼而不孫弟，長而無述焉，老而不死，是為賊。」以杖叩其脛。

【譯文】

原壤叉開雙腿坐著等孔子，孔子說：「你小時候就不懂禮貌，長大了一事無成，你這個老不死，真是個害人精。」用手杖敲他的小腿。

【注釋】

原壤 孔子的老朋友。 **夷俟** 蹲坐在地上等候。夷，雙腿分開而坐。俟，等待。

孫弟 亦作「遜悌」，指敬順兄長。 **無述** 無可稱道。 **老而不死是為賊** 指年老而無德可稱述。賊，指敗常亂俗者。 **叩其脛** 微擊其小腿。脛，膝下。

14.44

闕黨童子將命。或問之曰：「益者與？」子曰：「吾見其居於位也，見其與先生並行也，非求益者也，欲速成者也。」

【譯文】

闕黨的一名童子來向孔子傳話。有人問：「他是個肯求上進的人嗎？」孔子說：「我見他坐在大夫的位置上，又見他與長輩並肩同行。那童子不是想在學問上求長進，而是一個急於求成的人。」

【注釋】

闕黨 即闕里，孔子的故里。 **童子** 在古代指十五歲以下的未冠者。 **將命** 傳賓主之言。 **益** 學有長進。 **居於位** 童子與長者同坐，顯得不知禮儀。

衛靈公篇

15.1

衛靈公問陳於孔子。孔子對曰：「俎豆之事，則嘗聞之矣；軍旅之事，未之學也。」明日遂行。

【譯文】

衛靈公問孔子排兵布陣之法。孔子說：「禮儀方面的事，我還懂一點；用兵打仗的事，我沒學過。」第二天，孔子就離開了衛國。

【注釋】

陳 同「陣」，軍隊作戰時布列的陣勢。 **俎豆** 古代盛食物的器皿，被用作祭祀時的禮器。 **嘗** 曾經。 **軍旅** 軍隊，此指戰伐。 **遂行** 就走了。孔子主張禮治，反對使用武力。見衛靈公無道，而又有志於戰伐，不能以仁義治天下，故第二天就離開了衛國。

15.2

在陳絕糧，從者病，莫能興。子路慍見曰：「君子亦有窮乎？」子曰：「君子固窮，小人窮斯濫矣。」

【譯文】

孔子在陳國斷糧，跟隨的弟子們都餓病了。子路帶著怒氣來見孔子說：「君子也有走投無路的時候嗎？」孔子說：「君子雖窮，但窮不失志；小人一旦窮了，就自暴自棄、胡作非為了。」

【注釋】

在陳絕糧 孔子帶著學生周遊列國，曾被圍困在陳、蔡兩國之間，非常狼狽。 **興** 起。 **固窮** 君子固然有窮困之時。 **濫** 指行為放肆如水泛濫。

15.3

子曰：「賜也，女以予為多學而識之者與？」對曰：「然。非與？」曰：「非也。予一以貫之。」

【譯文】

孔子說：「賜呀，你以為我是學得多才記得住的嗎？」子貢答道：「是啊，難道不是嗎？」孔子說：「不是的，我是用一個中心思想來貫穿所有的知識。」

【注釋】

賜子貢名。　**女**通「汝」。　**識**同「誌」，記住。　**與**同「歟」。　**貫**串。

15.4

子曰：「由，知德者鮮矣！」

【譯文】

孔子說：「仲由啊，懂得道德的人太少了！」

【注釋】

由 子路。 **鮮** 少。

15.5

子曰：「無為而治者，其舜也與！夫何為哉？恭己正南面而已矣。」

【譯文】

孔子說：「不做什麼就能治好天下的人，大概只有舜吧！他做了些什麼呢？只是以端莊恭敬的態度坐在王位上罷了。」

【注釋】

無為而治 聖人以德化民，不待其有所作為。 **恭己** 自己存恭敬心，對人對事一切恭敬。 **正南面** 人君之位坐北向南，正南面是說做帝王像個帝王的樣子。

15.6

子張問行。子曰：「言忠信，行篤敬，雖蠻貊之邦行矣。言不忠信，行不篤敬，雖州里行乎哉？立，則見其參於前也；在輿，則見其倚於衡也。夫然後行。」子張書諸紳。

【譯文】

子張問什麼是正確的行為。孔子說：「說話真誠信實，行為踏實認真，即使到偏遠地區也行得通。說話不忠信，行為不篤敬，雖在鄉里能行得通嗎？站著時，忠信篤敬這幾個字好像矗立眼前；在車上，這幾個字好像也靠在車前橫軛一樣。能夠這樣，到哪都能行得通。」子張將孔子的話寫在衣帶上。

【注釋】

行 通達。**蠻貊** 古人對少數民族的貶稱，蠻在南，貊在北。**參** 顯現。**衡** 車轅前面的橫木。**紳** 貴族繫在腰間的衣帶。

15.7

子曰：「直哉史魚！邦有道，如矢；邦無道，如矢。君子哉蘧伯玉！邦有道，則仕；邦無道，則可卷而懷之。」

【譯文】

孔子說：「史魚這個人真是正直啊！政治清明時，他的言行像箭一樣直，國家政治黑暗時，他的言行也像箭一般直。蘧伯玉真是個君子！政治清明時，他便出來做官，在政治黑暗時，他就藏而不露地隱居起來。」

【注釋】

史魚 衛國大夫，名鰌，字子魚，他多次向衛靈公推薦蘧伯玉。 **矢** 箭。「如矢」是形容其正直。 **卷** 收，同「捲」。 **懷** 藏。

15.8

子曰：「可與言而不與之言，失人；不可與言而與之言，失言。知者不失人，亦不失言。」

【譯文】

孔子說：「可以同他談話卻不說，就會錯過了值得交談的人。不可以和他談話卻說了，就是浪費了言詞。聰明的人既不會錯過值得交談的人，也不會浪費言詞。」

【注釋】

失人 錯失應該交談的人。 **失言** 說了不該說的話。 **知者** 知，同「智」。

15.9

子曰：「志士仁人，無求生以害仁，有殺身以成仁。」

【譯文】

孔子說：「志士仁人，不會為了保全生命而傷害仁德，只有犧牲生命來成全仁德。」

【注釋】

志士 有志之士。 **仁人** 成德之人。

15.10

子貢問為仁。子曰：「工欲善其事，必先利其器。居是邦也，事其大夫之賢者，友其士之仁者。」

【譯文】

子貢問怎樣實現仁。孔子說：「工匠想要做好活，必先磨利他的工具。居住在一個國家，必先奉事國中的賢大夫，結交國中的仁義之士。」

【注釋】

工欲善其事，必先利其器 工匠想要把工作做好，一定要先使工具精良。 **是** 這。

15.11

顏淵問為邦。子曰：「行夏之時，乘殷之輅，服周之冕，樂則〈韶舞〉。放鄭聲，遠佞人。鄭聲淫，佞人殆。」

【譯文】

顏淵問怎樣治理國家。孔子說：「用夏朝的曆法，乘商朝的車輛，戴周朝的禮帽，音樂就用韶和舞。禁絕鄭國的樂曲，斥退讒佞的小人。鄭國的樂曲淫穢，讒佞的小人危險。」

【注釋】

為邦 治理國家。 **夏之時** 夏曆。 **輅** 古代的大車。 **冕** 帽子。 **〈韶舞〉** 舜時的音樂，樂舞合一，故曰〈韶舞〉。 **放** 排斥，禁止。 **鄭聲** 鄭國的樂曲。 **遠** 疏遠，作動詞用。 **佞人** 花言巧語的小人。 **殆** 危險。

15.12

子曰：「人無遠慮，必有近憂。」

【譯文】

孔子說：「人如果沒有長遠的謀慮，一定會遭受眼前的憂患。」

【注釋】

遠慮 長遠的謀慮。 **近憂** 眼前的憂患。

15.13

子曰：「已矣乎！吾未見好德如好色者也。」

【譯文】

孔子說：「算了吧！我沒見過喜歡美德如同喜歡美色的人。」

【注釋】

已矣乎 感嘆詞。已見〈子罕篇〉第十八章。

15.14

子曰：「臧文仲其竊位者與！知柳下惠之賢，而不與立也。」

【譯文】

孔子說：「臧文仲大概是個做官而不做事的人吧！明知柳下惠賢能，卻不推薦他同朝共事。」

【注釋】

臧文仲 魯國掌政大夫臧孫辰。 **竊位** 身居官位而不稱職。 **柳下惠** 春秋中期魯國大夫，姓展名獲，字禽，他受封柳下，諡為「惠」。 **與立** 與之並立於朝。

15.15 子曰：「躬自厚，而薄責於人，則遠怨矣。」

【譯文】

孔子說：「律己也嚴，責人也寬，這樣別人就不會對你怨恨了。」

【注釋】

躬 自己。　**遠** 遠離。

15.16 子曰：「不曰『如之何，如之何』者，吾末如之何也已矣！」

【譯文】

孔子說：「遇事不想著『怎麼辦，怎麼辦』的人，我也不知道對他怎麼辦了。」

【注釋】

如之何如之何 形容遇事熟思審處。　**末** 無。

15.17

子曰：「群居終日，言不及義，好行小慧，難矣哉！」

【譯文】

孔子說：「一群人整天聚在一起，說的是無關道義的話，又喜歡耍小聰明，這種人難有所成了。」

【注釋】

群居 即成群地聚集在一處。群，輩也。 **義** 即正義，引申為合宜的道理、道德和行為。 **好行小慧** 喜歡賣弄小聰明。 **難矣哉** 即終難成器。

15.18

子曰：「君子義以為質，禮以行之，孫以出之，信以成之，君子哉！」

【譯文】

孔子說：「君子以義理為堅持的原則，依照禮節去實踐，用謙遜的言語表達出來，再以誠信的態度去完成。這樣做的人真是君子呀！」

【注釋】

義 指正當的行為表現。 **質** 本質。 **孫** 同「遜」，謙遜。 **出** 表達，表現。

15.19

子曰：「君子病無能焉，不病人之不己知也。」

【譯文】

孔子說：「君子只怕自己沒有才能，不怕別人不知道自己。」

【注釋】

病 憂慮。

15.20

子曰：「君子疾沒世而名不稱焉。」

【譯文】

孔子說：「君子深怕死後名聲不被人稱道。」

【注釋】

疾 恨，程度比「病」、「憂」、「患」更強烈。 **沒世** 指身後。 **稱** 稱道，稱揚。

15.21 子曰：「君子求諸己，小人求諸人。」

【譯文】孔子說：「君子要求自己，小人要求別人。」

【注釋】**求** 要求。

15.22 子曰：「君子矜而不爭，群而不黨。」

【譯文】孔子說：「君子自重而不與人爭鬥，與人和諧共處，但不結黨營私。」

【注釋】**矜** 莊重自持。　**黨** 結黨營私。

15.23

子曰：「君子不以言舉人，不以人廢言。」

【譯文】

子說：「君子不會因為某人口才好就舉薦他，不會因為某人品德不好就鄙棄他說的話。」

【注釋】

舉 提拔。 **以人廢言** 由於人不好，對其言論也加以否定。

15.24

子貢問曰：「有一言而可以終身行之者乎？」子曰：「其恕乎！己所不欲，勿施於人。」

【譯文】

子貢問：「有一個字可以終身奉行嗎？」孔子說：「大概只有恕字吧！自己不喜歡的，不要強加於人。」

【注釋】

一言 一字。 **恕** 推己及人之心。

15.25

子曰：「吾之於人也，誰毀誰譽？如有所譽者，其有所試矣。斯民也，三代之所以直道而行也。」

【譯文】

孔子說：「我對於別人，詆毀過誰？稱讚過誰？我稱讚過的人，一定是先經我證實過的。現在的這些人民，都是經過夏、商、周三代的人正直教養的，我怎能隨意批評呀！」

【注釋】

誰毀誰譽 即毀誰譽誰。毀，毀謗、誹謗。譽，稱讚。　**試** 試驗、考察實情。　**三代** 夏、商、周三朝。　**直道而行** 遵循正道而行。

15.26

子曰：「吾猶及史之闕文也，有馬者，借人乘之，今亡矣夫！」

【譯文】

孔子說：「我曾看過史官記事，遇有存疑的便空著不寫；有馬不能馴服，肯借給善御者騎牠來訓練；但現在竟沒這種事了！」

【注釋】

史之闕文 史是掌理史書之官，闕同「缺」，文就是字。 **有馬者借人乘之** 有馬的人，自己不能調御使其馴良，則借請善於調御的人乘服之。 **今亡矣夫** 今，指孔子晚年。亡，同「無」。

15.27

子曰：「巧言亂德。小不忍，則亂大謀。」

【譯文】

孔子說：「聽從花言巧語，會混淆道德判斷。小事不忍耐，就足以攪亂大事情。」

【注釋】

小不忍 對小事情不能忍耐。 **大謀** 大事。

15.28

子曰：「眾惡之，必察焉；眾好之，必察焉。」

【譯文】

孔子說：「眾人厭惡的，必須細加考察；眾人喜歡的，也必須仔細觀察。」

【注釋】

惡 厭惡。 **好** 喜好。

15.29

子曰：「人能弘道，非道弘人。」

【譯文】

孔子說：「人能使道發揚光大，不是憑藉道義壯大個人。」

【注釋】

弘 弘揚。 **道** 人生應行的道理。

15.30

子曰：「過而不改，是謂過矣！」

【譯文】

孔子說：「有錯不改，這才是真正的過失。」

【注釋】

過 過錯。 **是** 代詞，是「此」、「這」的意思。

15.31

子曰：「吾嘗終日不食，終夜不寢，以思；無益，不如學也。」

【譯文】

孔子說：「我曾經整天不吃，整夜不睡，獨自尋思，但無獲益，還不如去學習。」

【注釋】

嘗 曾經。**終日** 整天。**寢** 睡。

15.32

子曰：「君子謀道不謀食。耕也，餒在其中矣；學也，祿在其中矣。君子憂道不憂貧。」

【譯文】

孔子說：「君子謀求的是道，而非個人衣食。耕田，有時還會挨餓；學習有成，卻能拿俸祿。君子只擔心沒學好道，不擔心貧困不得食。」

【注釋】

謀 謀求。謀道即求道。 **餒** 餓。 **憂道** 指在求道以後，又為衛道而憂。

15.33

子曰：「知及之，仁不能守之，雖得之，必失之。知及之，仁能守之，不莊以涖之，則民不敬。知及之，仁能守之，莊以涖之，動之不以禮，未善也。」

【譯文】

孔子說：「憑智慧得到權力，但缺少人品，即使得到了，也必然會失去；憑智慧得到權力，人品也好，但不嚴肅認真地治理，則不受民眾尊敬；憑智慧得到權力，人品好，態度也莊重，但若是舉止不合禮，也還是不夠完善呀！」

【注釋】

知及之 指才智足以治國。知，同「智」。之，指祿位和天下。 **莊** 莊重。 **涖** 蒞臨。

15.34

子曰：「君子不可小知，而可大受也。小人不可大受，而可小知也。」

【譯文】

孔子說：「君子不見得能在小事上受人賞識，但可接受重大的任務；小人不能接受重大使命，但在小事上往往卻能受人賞識。」

【注釋】

小知 做小事情。知，作為。 **大受** 承擔大任。受，責任，使命。

15.35 子曰：「民之於仁也，甚於水火。水火，吾見蹈而死者矣，未見蹈仁而死者也。」

【譯文】

孔子說：「人民對仁政的需要，勝過對水火的需要。水火雖有利於人，人有時卻會蹈之而死，我卻沒見過赴蹈仁道而死的。」

【注釋】

蹈 踏踩，投入。

15.36 子曰：「當仁不讓於師。」

【譯文】

孔子說：「面對仁義的事，即使在老師面前，也不必謙讓。」

【注釋】

當 碰到，遇到。

15.37

子曰：「君子貞而不諒。」

【譯文】孔子說：「君子固守正道，卻不拘泥小節。」

【注釋】**貞** 正，大信。 **諒** 信。這裡指小信。

15.37

子曰：「事君，敬其事而後其食。」

【譯文】孔子說：「事奉君上要盡心竭力，把拿俸祿的事放在後頭。」

【注釋】**食** 食祿，俸祿。

15.39

子曰：「有教無類。」

【譯文】

孔子說：「我教導時不會區分學生的類別。」

【注釋】

類 等類，階級。

15.40

子曰：「道不同，不相為謀。」

【譯文】

孔子說：「各人的理想不同，也就不必相互商議了。」

【注釋】

道不同 指各人的志趣不同。

15.41

子曰：「辭，達而已矣。」

【譯文】

孔子說：「說話清楚就可以了。」

【注釋】

辭 言辭，文辭。 **達** 通達。

15.42

師冕見。及階，子曰：「階也。」及席，子曰：「席也。」皆坐，子告之曰：「某在斯，某在斯。」師冕出，子張問曰：「與師言之道與？」子曰：「然，固相師之道也。」

【譯文】

魯國的樂官來見孔子。走到臺階前，孔子說：「這是臺階。」走到坐席前，孔子說：「這是坐席。」大家坐好後，孔子告訴他：「某人在這，某人在那。」樂官走後，子張問：「這是與樂師交談的方法嗎？」孔子說：「是的，這確實是扶助引導樂師說話的方式。」

【注釋】

師冕 魯國一位叫做冕的樂師。師，樂師，古代樂師多為盲者。 **席** 坐位。 **相** 幫助。

季氏篇

16.1

季氏將伐顓臾。冉有、季路見於孔子曰：「季氏將有事於顓臾。」孔子曰：「求！無乃爾是過與？夫顓臾，昔者先王以為東蒙主，且在邦域之中矣，是社稷之臣也。何以伐為？」冉有曰：「夫子欲之，吾二臣者皆不欲也。」孔子曰：「求！周任有言曰：『陳力就列，不能者止。』危而不持，顛而不扶，則將焉用彼相矣？且爾言過矣，虎兕出於柙，龜玉毀於櫝中，是誰之過與？」冉有曰：「今夫顓臾，固而近於費；今不取，後世必為子孫憂。」

孔子曰：「求！君子疾夫舍曰欲之，而必為之辭。丘也聞有國有家者，不患寡而患不均，不患貧而患不安。蓋均無貧，和無寡，安無傾。夫如是，故遠人不服，則修文德以來之。

既來之，則安之。今由與求也，相夫子，遠人不服而不能來也；邦分崩離析，而不能守也；而謀動干戈於邦內。吾恐季孫之憂，不在顓臾，而在蕭牆之內也。」

【譯文】

季氏要攻打顓臾。冉有、季路一起去見孔子說：「季氏準備出兵討伐顓臾了。」孔子說：「冉求，這不是你的錯嗎？先王曾封顓臾為東蒙山的主祭人，而且就在魯國境內，是魯國的臣屬，為何要討伐他呢？」冉有說：「這是季氏要打的，我們兩個做臣下的都不贊同。」孔子說：「求，周任說過一句話：『在其位就要盡其責，不然就辭職。』危險時不支持，跌倒時不攙扶，要你這個助手何用？而且，你還說錯了。虎兕跑出籠子，龜玉毀在盒中，是誰的錯？」冉有說：「現在顓臾城牆堅固，又離季氏的采邑費地很近，現在不奪過來，將來會成為子孫的後患。」孔子說：「冉求，君子痛恨那種不說自己想要，卻要找理由辯解的人。我聽說有國有家的人，不怕錢少而怕不平均，不怕貧窮而怕不安定。因為財富平均就無所謂貧窮，人民和諧就不覺得人少，境內安定就不會傾覆。如果遠方的人還是不服，就用禮樂文教來招致他們；來了之後，就要安頓他們。現在你二人輔助季氏，遠人不服卻沒有辦法使他們自動來歸，國家分崩離析卻沒有辦法保全，反而想著在國境內使用武力，我只怕季孫的危險不在顓臾，而在國家之內呀。」

【注釋】

季氏將伐顓臾 季氏，季康子，春秋魯國大夫，把持朝政。顓臾，是魯國的屬國，故城在今山東費縣西北。舊說季氏貪顓臾土地而攻之。 **求** 冉有，在季氏家擔任總管。 **季路** 子路，在季氏家負責軍事事務。 **有事** 指攻伐之事。 **東蒙主** 東蒙山的主祭人。 **邦域之中** 指在魯國境內。 **社稷之臣** 意指附屬於大國的小國。 **周任** 上古時代的史官，以賢良著稱。 **陳力就列** 能施展自己才能，就接受職位。陳，施展。就，擔任。列，職位。 **顛** 跌倒。 **相** 攙扶引導盲人的人。 **兕** 野牛。 **柙** 關猛獸的柵欄。 **龜玉** 龜，龜版，用來占卜。龜玉皆為寶物。 **櫝** 匣子。 **固** 指城郭堅固。 **君子疾夫舍曰欲之而必為之辭** 君子厭惡那些不肯說（自己）想要那樣而偏要找藉口的人。疾，痛恨。夫，代詞，那種。舍，捨棄，撇開。辭，飾辭。 **文** 文教，指禮樂。 **來** 使歸附。 **分崩離析** 國家四分五裂，不能守全。 **守** 保全國家。 **干戈** 指軍事。干，盾牌。戈，戟。 **蕭牆** 國君宮門內迎門的小牆，又叫做屏。因古時臣子朝見國君，走到此必肅然起敬，故稱「蕭牆」。蕭，古通「肅」。

16.2

孔子曰：「天下有道，則禮樂征伐自天子出；天下無道，則禮樂征伐自諸侯出。自諸侯出，蓋十世希不失矣；自大夫出，五世希不失矣；陪臣執國命，三世希不失矣。天下有道，則政不在大夫。天下有道，則庶人不議。」

【譯文】

孔子說：「天下太平時，制禮作樂、出兵征伐都由天子決定；天下昏亂時，就由諸侯決定。由諸侯決定，這個國家最多能傳十代；由大夫決定，國家傳了五代很少不亡的；大夫的家臣把持國政，這個國家再過三代少有不亡的。天下太平，則實權不會落在大夫手裡；天下太平，則人民不會非議政府。」

16.3

孔子曰：「祿之去公室，五世矣。政逮於大夫，四世矣。故夫三桓之子孫，微矣。」

【譯文】

孔子說：「爵祿賞罰的大權旁落，已經五代了；政權落到大夫手中，已經四代了。所以三桓的子孫也衰微了。」

【注釋】

五世 指魯國宣公、成公、襄公、昭公、定公五世。 **逮** 及。 **四世** 指季孫氏文子、武子、平子、桓子四世。 **三桓** 魯國仲孫、叔孫、季孫都出於魯桓公，所以叫三桓或三家。

16.4

孔子曰：「益者三友，損者三友：友直，友諒，友多聞，益矣；友便辟，友善柔，友便佞，損矣。」

【譯文】

孔子說：「有益的朋友有三種，有害的朋友也有三種：與正直的人交朋友、與誠實的人交朋友、與見多識廣的人交朋友，有益處；與走邪門歪道的人交朋友、與讒媚逢迎的人交朋友、與花言巧語的人交朋友，是有害的。」

【注釋】

直 正直。 **諒** 誠信。 **便辟** 善於迎合他人。 **善柔** 善於和顏悅色而缺乏誠信。

便佞 慣於花言巧語而無聞見之實。

16.5

孔子曰：「益者三樂，損者三樂：樂節禮樂，樂道人之善，樂多賢友，益矣；樂驕樂，樂佚遊，樂宴樂，損矣。」

【譯文】

孔子說：「對人有益的喜好有三種，對人有害的喜好有三種：喜好行事以禮樂為節度，喜好稱道人的好處，喜好多交賢友，都是有益的。喜好侈肆縱樂，喜好閒散遊盪，喜好耽溺逸樂，都是有害的。」

【注釋】

樂 指心有所愛好。 **節禮樂** 孔子主張用禮樂來節制人。 **驕樂** 以侈肆驕縱為樂。 **佚遊** 惰慢遊蕩，出入不節。佚，同「逸」。 **宴樂** 沉溺於宴飲取樂。

16.6

孔子曰：「侍於君子有三愆：言未及之而言，謂之躁；言及之而不言，謂之隱；未見顏色而言，謂之瞽。」

【譯文】

孔子說：「侍奉君子時，容易犯三種過失：還沒有問到你的時候就說話，這是急躁；已經問到你的時候你卻不說，這叫隱瞞；沒有看清君子的臉色就輕率發言，叫做瞎眼。」

【注釋】

愆 過失。 **躁** 急躁不安。 **隱** 隱瞞。 **瞽** 無目，不能察言觀色。

16.7

孔子曰：「君子有三戒：少之時，血氣未定，戒之在色；及其壯也，血氣方剛，戒之在鬥；及其老也，血氣既衰，戒之在得。」

【譯文】

孔子說：「君子有三件應該警惕戒備的事情：年少的時候，血氣還不成熟，要戒的是色慾；等到身體成熟了，血氣方剛，要戒的是與人爭鬥；等到老年，血氣已經衰弱了，要戒的是貪慾。」

【注釋】

血氣方剛 意即血氣強盛。 **得** 貪得。

16.8
孔子曰：「君子有三畏：畏天命，畏大人，畏聖人之言。小人不知天命而不畏也，狎大人，侮聖人之言。」

【譯文】
孔子說：「君子有三件應當敬畏的事：敬畏自然規律、敬畏高位的人、敬畏聖人的話。小人不懂天所賦予的正理而不敬畏，輕視高位的人，戲侮聖人的話。」

【注釋】
天命 上天之意旨；由天主宰的命運。 **大人** 即周天子和各國諸侯。 **聖人之言** 指文王周公傳下來的典籍訓誥。

16.9

孔子曰：「生而知之者，上也；學而知之者，次也；困而學之，又其次也；困而不學，民斯為下矣。」

【譯文】

孔子說：「生來就知道的，是上等資質的人；學習後才知道的，是次一等資質的人；遇到困難才學習的，是又次一等的人；遇到困難也不學習的，這就是下等人了。」

【注釋】

生而知之者 指不學而能者。 **困** 有所不通。

16.10

孔子曰：「君子有九思：視思明，聽思聰，色思溫，貌思恭，言思忠，事思敬，疑思問，忿思難，見得思義。」

【譯文】

孔子說：「君子有九種思慮：看的時候要想想看清楚了沒有；聽的時候要想想聽明白了沒有；待人的臉色要想想是否溫和；對人的態度要想想是否恭敬；說話要想想是否忠誠；做事要想想是否認真；有了疑問要想想怎樣向人請教；遇事發怒時要想想後果；有利可得時要想想是否正當。」

【注釋】

思 用心思慮。 **明** 看得清為明。 **聰** 聽得清為聰。 **忿思難** 當忿怒時要想到事後的禍害。 **難** 指患難、禍害。

16.11

孔子曰：「『見善如不及，見不善如探湯。』吾見其人矣，吾聞其語矣！『隱居以求其志，行義以達其道。』吾聞其語矣，未見其人也！」

【譯文】

孔子說：「見到善就如同趕不上似的急切追求，見到不善就如同用手試開水一樣急忙避開。我見到過這樣的人，也聽到過這樣的話。隱居以保持自己的志向，行仁義以實現自己的理想。我聽到過這樣的話，但沒有看到這樣的人。」

【注釋】

如不及 好像趕不上似的，形容急切追求。 **探湯** 探，用手試。湯，滾燙的熱水。

16.12 齊景公有馬千駟，死之日，民無德而稱焉。伯夷、叔齊餓於首陽之下，民到于今稱之。其斯之謂與？

【譯文】

齊景公有四千匹馬，死的時候，百姓覺得他沒什麼德行值得稱讚。伯夷、叔齊餓死在首陽山下，百姓至今還稱讚他們。

【注釋】

駟 四匹馬。 **首陽** 山名。

16.13

陳亢問於伯魚曰：「子亦有異聞乎？」對曰：「未也。嘗獨立，鯉趨而過庭。曰：『學詩乎？』對曰：『未也。』『不學詩，無以言。』鯉退而學詩。他日，又獨立，鯉趨而過庭，曰：『學禮乎？』對曰：『未也。』『不學禮，無以立。』鯉退而學禮。聞斯二者。」陳亢退而喜曰：「問一得三：聞詩，聞禮，又聞君子之遠其子也。」

【譯文】

陳亢問伯魚：「你在老師那兒聽過不同的教誨嗎？」伯魚答：「沒有。有一次我父親一個人站在那，我快步過庭。他問：『學詩了嗎？』我說：『沒有。』『不學詩，就不能掌握說話的技巧。』於是我回去學詩。又一次他又一個人站在那，我快步過庭。他問：『學禮了嗎？』我說：『沒有。』『不學禮，就不能立足於社會。』於是我回去學禮。就聽過這兩次。」陳亢回去

16.14 高興地說：「問一件事，知道三件事：知道學詩，知道學禮，又知道君子並不偏私自己的兒子。」

【注釋】

陳亢 字子禽。孔子的弟子。 **伯魚** 孔子的兒子孔鯉，字伯魚。 **異聞** 別有所聞。

趨 疾走。古禮過長者身邊必趨。 **詩** 指《詩經》。 **無以言** 沒什麼用來談論的。

遠 無私厚。

16.14

邦君之妻，君稱之曰夫人，夫人自稱曰小童。邦人稱之曰君夫人，稱諸異邦曰寡小君。異邦人稱之，亦曰君夫人。

【譯文】

國君的妻子，國君稱她為夫人，夫人自稱為小童。國人稱她為君夫人，國人在外國人面前稱她為寡小君。外國人也稱她為君夫人。

【注釋】

邦君 古代指諸侯國君主。 **君夫人** 為春秋、戰國時期對諸侯正妻的稱謂。 **寡小君** 古代對別國人謙稱本國國君的夫人。

陽貨篇

17.1

陽貨欲見孔子，孔子不見，歸孔子豚。孔子時其亡也，而往拜之，遇諸塗。謂孔子曰：「來，予與爾言。」曰：「懷其寶而迷其邦，可謂仁乎？」曰：「不可。」「好從事而亟失時，可謂知乎？」曰：「不可。」「日月逝矣，歲不我與！」孔子曰：「諾，吾將仕矣！」

【譯文】

陽貨想見孔子，孔子不去，他便送一隻燒豬給孔子，想讓孔子去他家致謝。孔子趁他不在家時去拜謝，不料卻在半路上碰到了，陽貨對孔子說：「來，我有話要說。」孔子走過去，他說：「自己身懷本領卻任憑國家混亂，能叫做仁嗎？」孔子說：「不能。」陽貨又問：「想做大事卻屢次錯失機會，能叫做明智嗎？」孔子說：「不能。」「時光一去不回，歲月不等人啊！」孔子說：「好吧，我準備出來做官了。」

【注釋】

陽貨 魯國大夫季氏家的總管陽虎，欲見孔子使仕。**歸** 饋也。**時其亡** 等陽虎不在家時。時，同「伺」。亡同「無」，不在家。**塗** 同「途」，道路。**懷其寶而迷其邦** 懷藏才略卻不救國之迷亂。**亟失時** 屢次失去機會。**諾** 答應聲，表示同意。

17.2

子曰：「性相近也，習相遠也。」

【譯文】

孔子說：「人的本性是相近的，由於習染不同才有了差別。」

【注釋】

性 指人之本性。 **習** 習慣。

17.3

子曰：「唯上知與下愚不移。」

【譯文】

孔子說：「只有上智和下愚的人不能改變。」

【注釋】

上知 上等的聰明人。知同「智」。

17.4
子之武城，聞弦歌之聲，夫子莞爾而笑曰：「割雞焉用牛刀？」子游對曰：「昔者，偃也聞諸夫子曰：『君子學道則愛人，小人學道則易使也。』」子曰：「二三子！偃之言是也，前言戲之耳！」

【譯文】

孔子到武城，聽到彈琴唱詩的聲音。夫子微笑著說：「殺雞哪裡用得著宰牛的刀？」子游回答說：「從前我聽老師說過：『執政者學了禮樂之道，就會愛護人民，老百姓學了禮樂之道，就易於使令。』」孔子說：「諸位！偃的話是對的，我剛才的話只是開玩笑罷了！」

【注釋】

之 前往。 **武城** 魯邑，當時子游是武城宰。 **弦歌** 以琴瑟伴奏歌唱。弦，指琴瑟。 **莞爾** 微笑。 **割雞焉用牛刀** 比喻治小邑何必用禮樂大道。 **偃** 子游之名。 **小人** 庶民。 **易使** 容易聽從上位者的指揮。

17.5

公山弗擾以費畔，召，子欲往。子路不說，曰：「末之也已，何必公山氏之之也？」子曰：「夫召我者，而豈徒哉？如有用我者，吾其為東周乎！」

【譯文】

公山弗擾占據費邑叛變，召孔子去，孔子正想去，子路不高興地說：「沒地方去就算了，何必到他那裡去？」孔子說：「他來召我，難道是說空話？如果有人肯用我，我將行周道於東方啊！」

【注釋】

公山弗擾以費畔 公山弗擾，複姓公山，《史記》做「公山不狃」，為季氏家臣，作費邑宰，與陽虎共執季桓子，據邑以叛季氏。畔通「叛」。 **說** 高興。 **末之也已** 末是無，之是至，也已，語助詞。意謂沒有地方可去行道。 **之之也** 第一個之為語助詞，作「的」字講。第二個之作動詞，「前往」的意思。 **徒** 徒然。

17.6

子張問仁於孔子。孔子曰：「能行五者於天下，為仁矣。」「請問之？」曰：「恭、寬、信、敏、惠。恭則不侮，寬則得眾，信則人任焉，敏則有功，惠則足以使人。」

【譯文】

子張向孔子請教仁道，孔子說：「能在天下推行五種美德，就是仁了。」子張問：「請問是哪五種？」孔子說：「恭、寬、信、敏、惠。對人恭敬莊重，就不會受侮辱；待人寬厚，就會得到人民擁護；誠實就會被人信賴；勤敏才會容易成功；施惠於人，才足以叫人為你效勞。」

【注釋】

子張 顓孫師，字子張。孔子死後，獨立招收弟子，是「子張之儒」的創始人。

17.7 佛肸召，子欲往。子路曰：「昔者由也聞諸夫子曰：『親於其身為不善者，君子不入也。』佛肸以中牟畔，子之往也，如之何？」子曰：「然，有是言也。不曰堅乎，磨而不磷。不曰白乎，涅而不緇。吾豈匏瓜也哉？焉能繫而不食？」

【譯文】

佛肸召孔子去，孔子想去。子路說：「以前我聽老師說過：『一個人做了壞事，君子不願到他那裡去。』現在佛肸據中牟反叛，你卻要去，這如何解釋呢？」孔子說：「是的，我說過這樣的話。我不也說過堅硬的東西磨也磨不壞嗎？不也說過潔白的東西染也染不黑嗎？我難道是個匏瓜嗎？怎麼能只是掛在那裡而不讓人吃呢？」

【注釋】

佛肸 春秋末年晉大夫范氏、中行氏的家臣，為中牟的縣宰。 **中牟** 地名，在晉國，約在今河北邢台與邯鄲之間。 **磷** 損傷。 **涅** 皁礬，可用作顏料染衣服。 **緇** 黑色。 **匏瓜** 葫蘆的一種，味苦不能吃。 **繫** 結，扣。

17.8

子曰：「由也，女聞六言六蔽矣乎？」對曰：「未也。」「居！吾語女：好仁不好學，其蔽也愚；好知不好學，其蔽也蕩；好信不好學，其蔽也賊；好直不好學，其蔽也絞；好勇不好學，其蔽也亂；好剛不好學，其蔽也狂。」

【譯文】

孔子說：「仲由啊，你聽說過六種品德和六種蔽障嗎？」子路回答說：「沒有。」孔子說：「坐下，我對你說。喜好仁德卻不好學，則其障蔽在愚昧；好逞才智卻不好學，則其障蔽在放蕩；只喜歡誠信卻不好學，則其障蔽在於傷害事理；喜愛正直卻不好學，則其障蔽是急切偏激；好逞勇不好學，則其障蔽在易釀禍亂；好剛強卻不好學，則其障蔽在狂妄粗率。」

【注釋】

女 同「汝」。 **六言** 言，字。這裡指仁、知、信、直、勇、剛六字，也就是這六種美德。 **六蔽** 蔽，弊病。這裡指愚、盪、賊、絞、亂、狂這六種弊病。 **居** 坐下。**愚**被人愚弄。**知**通「智」。**蕩**放縱不受拘束。**賊**遭受傷害。**絞**急切、偏激。**亂**犯上作亂。**狂**傲慢自大。

17.9

子曰：「小子！何莫學夫《詩》？《詩》，可以興，可以觀，可以群，可以怨；邇之事父，遠之事君；多識於鳥獸草木之名。」

【譯文】

孔子說：「弟子們，為什麼不學《詩》呢？學《詩》可以激發人的心志，可以提高觀察力，可以與人和諧相處，可以抒發不滿。就近處來說，可以用其中的道理來事奉父母，就遠處來說，可以用來服事君王；還可以多記識鳥獸草木的名字。」

【注釋】

小子 孔子對學生的暱稱。**《詩》** 指《詩經》。**興** 激發想像。**觀** 觀察力。

群 使合群，指人與人之間的和諧相處。**怨** 抒發心中的不平。**邇** 近，和「遠」相對。

17.10

子謂伯魚曰：「女為〈周南〉、〈召南〉矣乎？人而不為〈周南〉、〈召南〉，其猶正牆面而立也與！」

【譯文】

孔子對伯魚說：「你學過《詩經》中的〈周南〉、〈召南〉嗎？一個人如果不讀〈周南〉、〈召南〉，就好像面對著牆站著而無法前進啊！」

【注釋】

女 同「汝」。 **為** 即研讀學習。 **〈周南〉、〈召南〉** 詩經前二篇名，所言皆修身齊家的事。 **正牆面而立也與** 喻什麼也看不見，哪裡也去不了。與，今作歟，感歎詞。

17.11

子曰：「禮云禮云，玉帛云乎哉？樂云樂云，鐘鼓云乎哉？」

【譯文】

孔子說：「這樣說也是禮，那樣說也是禮，所謂禮難道只是指玉帛這些禮品嗎？這樣說也是樂，那樣說也是樂，難道只是指鐘鼓樂器的演奏嗎？」

【注釋】

玉帛 祭祀儀式中的禮器。 **鐘鼓** 在樂曲開場和結束時使用。

17.12

子曰：「色厲而內荏，譬諸小人，其猶穿窬之盜也與！」

【譯文】

孔子說：「外表威嚴而內心怯懦的人，用小人作比喻，就像挖牆洞的小偷吧！」

【注釋】

荏 軟弱。 **小人** 此指地位較低的平民。 **穿窬之盜** 指鑽洞和爬牆的盜賊。穿，穿壁。窬，通「逾」，從牆上爬過去。

17.13

子曰：「鄉原，德之賊也！」

【譯文】

孔子說：「外表忠厚而內心巧詐的偽君子，真是戕害道德的敗類啊！」

【注釋】

鄉原 鄉里中貌似君子實則偽善的人。原同「愿」。 **德之賊** 損害道德的敗類。

17.14

子曰：「道聽而塗說，德之棄也！」

【譯文】

孔子說：「路上聽到一些沒有根據的話，不加求證就又在路途中說給其他人聽，這是自己失德啊！」

【注釋】

道聽而塗說 即「道聽途說」，泛指沒有經過證實、缺乏根據的話。塗同「途」。

德之棄 失德、損德。

17.15

子曰：「鄙夫！可與事君也與哉？其未得之也，患得之；既得之，患失之。苟患失之，無所不至矣！」

【譯文】

孔子說：「那些見識淺的人，難道可以和他們共同事君嗎？他們在未得到富貴時，總是害怕得不到；等得到以後，又唯恐失掉。如果一心害怕失去富貴，那他就什麼事情都可以做得出來。」

【注釋】

鄙夫 見識淺的人。　**患得之** 此為「患不得之」的意思，據何晏集解，此為當時楚地的俗語。

17.16

子曰：「古者民有三疾，今也或是之亡也。古之狂也肆，今之狂也蕩；古之矜也廉，今之矜也忿戾；古之愚也直，今之愚也詐而已矣。」

【譯文】

孔子說：「古人有三種毛病，現在的人或許連這三種毛病都談不上了。古代的狂人不拘小節，今天的狂人放蕩不羈；古代矜持的人威不可犯，今天矜持的人凶惡蠻橫；古代的愚人性情爽直，今天的愚人狡詐無賴。」

【注釋】

民 作人字看。 **亡** 同「無」。 **肆** 細行不謹。 **蕩** 逾越規矩。 **矜** 持守嚴謹。

忿戾 易怒好爭。

17.17

子曰：「巧言令色，鮮矣仁。」

【譯文】

孔子說：「花言巧語、滿臉堆笑的人，很少有仁愛之心。」

【注釋】

此章已見〈學而篇〉第三章。

17.18

子曰：「惡紫之奪朱也，惡鄭聲之亂雅樂也，惡利口之覆邦家者。」

【譯文】

孔子說：「我討厭紫色奪去了大紅色的光彩，討厭鄭國淫靡的音樂攪亂了先王雅正的音樂，討厭用巧言利舌顛覆國家的人。」

【注釋】

紫 古人視為雜色。 **朱** 古人以紅、黃、藍、白、黑為正色。 **鄭聲** 為春秋時鄭、衛地方之樂，情感奔放，與雅樂之莊嚴隆重不同。儒家重禮教，反對這種淫靡之音。 **利口** 擅於口舌之佞的人。 **覆** 傾覆。

17.19

子曰：「予欲無言！」子貢曰：「子如不言，則小子何述焉？」子曰：「天何言哉？四時行焉，百物生焉，天何言哉？」

【譯文】

孔子說：「我想不再說話了。」子貢說：「老師如果不說話，那麼弟子們還有什麼可傳述遵循呢？」孔子說：「天何嘗說話呢？四季照常運行，百物照樣生長。天說了什麼話呢？」

【注釋】

予欲無言 我從此不想再說了。 **小子** 弟子。 **何述** 何所遵循之意。

17.20 孺悲欲見孔子，孔子辭以疾。將命者出戶，取瑟而歌，使之聞之。

【譯文】

孺悲想拜見孔子，孔子以生病為由加以推辭。傳命的人剛走出房門，孔子便取下瑟來一邊彈一邊唱，故意讓孺悲聽到。

【注釋】

孺悲 魯人，曾向孔子學禮。 **辭以疾** 以生病為由辭謝不見。 **將命者** 傳話的人。

17.21 宰我問：「三年之喪，期已久矣！君子三年不為禮，禮必壞；三年不為樂，樂必崩。舊穀既沒，新穀既升，鑽燧改火，期可已矣。」子曰：「食夫稻，衣夫錦，於女安乎？」曰：「安！」「女安，則為之！夫君子之居喪，食旨不甘，聞樂不樂，居處不安，故不為也，今女安，則為之！」宰我出。子曰：「予之不仁也！子生三年，然後免於父母之懷。夫三年之喪，天下之通喪也，予也，有三年之愛於其父母乎？」

【譯文】

宰我問：「三年守孝期太長了！君子三年不習禮儀，禮必毀壞；三年不奏樂，樂必生疏。舊穀子吃完，新穀又長，取火用的燧木也又輪換了。守孝一年就夠了。」孔子說：「父母去世才一年，你就吃香飯，穿錦衣，你心安嗎？」宰我說：「安心。」孔子說：「你安心你就做吧！君子守孝，吃魚肉不香，聽音樂不樂，住豪宅不安，所以不做，現在你心安，那麼你就做吧！」宰我走後，孔子說：「宰我真是個不仁的人。嬰兒三歲後才能離開父母的懷抱。替父母守喪三年，是天下通行的喪期。宰予啊，難道他沒有從父母那裡得過三年的撫愛嗎？」

【注釋】

升 登，登場。 **鑽燧改火** 古代鑽木取火或敲燧石取火，取火之木隨四時而改易。

予 宰予，即宰我。

17.22

子曰：「飽食終日，無所用心，難矣哉！不有博弈者乎？為之，猶賢乎已！」

【譯文】

孔子說：「整天吃飽了飯，什麼都不想，這種人是難有作為的了！不是有局戲下棋的遊戲嗎？下下棋，總比什麼都不做要好。」

【注釋】

博弈 博，擲骰子。弈，下棋。 **賢** 勝過。

17.23

子路曰：「君子尚勇乎？」子曰：「君子義以為上。君子有勇而無義為亂，小人有勇而無義為盜。」

【譯文】

子路問：「君子崇尚勇敢嗎？」孔子說：「君子以義為最重要。在上位的人如果只有勇力而沒有義氣，就會作亂；在下位的人如果只有勇力而沒有義氣，就會成為盜賊。」

【注釋】

君子尚勇 君子，指在上位的官員。尚，崇尚，尊重而又喜歡的意思。 **義以為上** 以義為上。上通「尚」，注重。 **小人** 指居下位的人民。

17.24

子貢曰：「君子亦有惡乎？」子曰：「有惡。惡稱人之惡者，惡居下流而訕上者，惡勇而無禮者，惡果敢而窒者。」曰：「賜也亦有惡乎？」「惡徼以為知者，惡不孫以為勇者，惡訐以為直者。」

【譯文】

子貢說：「君子有厭惡的人嗎？」孔子說：「有。厭惡宣揚別人缺點的人，厭惡以下謗上者，厭惡勇敢而無禮者，厭惡固執而不通情理者。你有厭惡的人嗎？」子貢說：「厭惡把剽竊當作聰明的人，厭惡把不謙遜當作勇敢的人，厭惡把告密當作直率的人。」

【注釋】

窒 指固執不明理而阻礙難行。 **徼** 抄襲、竊取。 **不孫** 不謙恭。 **訐** 攻擊別人的隱私或缺點。

17.25

子曰：「唯女子與小人為難養也！近之則不孫，遠之則怨。」

【譯文】

孔子說：「只有家中的妾和僕人最難相處了。太親近了，他們就會對你不恭敬；太疏遠了，他們就會心生怨恨。」

【注釋】

養 對待。　**近** 親近。　**孫** 同「遜」，順服之意。　**遠** 遠離，疏遠。

17.26

子曰：「年四十而見惡焉，其終也已！」

【譯文】

孔子說：「一個人到了四十歲還讓人厭惡，那他這一輩子也完了！」

【注釋】

見惡 被人厭惡。

微子篇

18.1

微子去之，箕子為之奴，比干諫而死。孔子曰：「殷有三仁焉！」

【譯文】

紂王無道，微子便離開他，箕子做他的奴隸，比干勸諫被殺。孔子說：「這是殷朝的三位仁人啊！」

【注釋】

微子 名啟，微是國名，子是爵名。紂王的同母兄長，見紂王無道，勸他不聽，遂離開紂王。 **箕子** 紂王的叔父。他屢勸紂王不聽被囚，便披髮裝瘋，被降為奴隸。

比干 紂王的叔父，苦諫被剖腹而死。

18.2 柳下惠為士師，三黜。人曰：「子未可以去乎？」曰：「直道而事人，焉往而不三黜？枉道而事人，何必去父母之邦？」

【譯文】

柳下惠當獄官，多次被免職。有人說：「你為什麼不離開魯國呢？」柳下惠答說：「我用正直的態度事奉人君，到哪裡不會被黜呢？如果我用不正直的態度事奉人君，又何必要離開祖國呢？」

【注釋】

柳下惠 姓展，名獲，字禽、一字季。「柳下」是他的食邑，「惠」則是他的謚號，故後人稱他「柳下惠」，有時也稱「柳下季」。柳下惠做過魯國大夫，後來隱遁，成為逸民。 **士師** 典獄官，掌管刑獄。 **三黜** 多次被免職。三，屢次、再三。 **去** 離開。 **父母之邦** 指故國。

18.3

齊景公待孔子，曰：「若季氏則吾不能，以季、孟之間待之。」曰：「吾老矣，不能用也。」孔子行。

【譯文】

齊景公談到對待孔子的禮節時，說：「要我像魯君對待季氏那樣對待孔子，我做不到，我可以用季氏和孟氏之間的待遇對待他。」又說：「我老了，不能重用孔子了。」於是，孔子離開了齊國。

【注釋】

齊景公 名杵臼。 **待** 以祿位相待，即任官職。 **季孟** 季是季氏，是魯上卿，掌全國政權；孟氏為魯下卿，不掌實權。 **吾老矣不能用也** 景公將六十歲，乃託言老以悔前言而已。 **行** 走路，即離開齊國。

18.4

齊人歸女樂，季桓子受之。三日不朝，孔子行。

【譯文】

齊國送來一些歌姬舞女給魯國，季桓子接受了，魯君一連三天不上朝。於是，孔子便辭官離開魯國。

【注釋】

歸 同「饋」，贈送。 **季桓子** 魯國宰相季孫斯。

18.5

楚狂接輿，歌而過孔子，曰：「鳳兮！鳳兮！何德之衰？往者不可諫，來者猶可追。已而！已而！今之從政者殆而！」孔子下，欲與之言。趨而辟之，不得與之言。

【譯文】

楚國的狂人接輿，唱歌路過孔子車旁，說：「鳳啊！鳳啊！你的德行為什麼這樣衰敗？過去的不可挽回，未來的還可以補救。算了！算了！現在從政的人都很危險！」孔子下車，想和他說話。他趕快避開了，孔子沒能與他交談。

【注釋】

楚狂接輿 楚之賢人，佯狂避世，失其姓名，以其接孔子之車而歌，故稱之曰接輿。

何德之衰 相傳世有道則鳳鳥見，無道則隱。接輿以鳳比孔子，世無道而不能隱，為德衰。

18.6

長沮、桀溺耦而耕。孔子過之，使子路問津焉。長沮曰：「夫執輿者為誰？」子路曰：「為孔丘。」曰：「是魯孔丘與？」曰：「是也。」曰：「是知津矣！」問於桀溺，桀溺曰：「子為誰？」曰：「為仲由。」曰：「是魯孔丘之徒與？」對曰：「然。」曰：「滔滔者，天下皆是也，而誰以易之？且而與其從辟人之士也，豈若從辟世之士哉？」耰而不輟。子路行以告，夫子憮然曰：「鳥獸不可與同群，吾非斯人之徒與而誰與？天下有道，丘不與易也。」

【譯文】

長沮、桀溺一起耕田，孔子路過，讓子路詢問渡口。長沮說：「駕車者是誰？」子路說：「是孔丘。」長沮說：「是魯國孔丘嗎？」子路說：「是。」長沮說：「那他應該知道渡口在哪裡。」子路再問桀溺。桀溺說：

「你是誰？」子路答道：「我是仲由。」桀溺說：「是魯國孔丘的學生嗎？」子路回答道：「是。」桀溺說：「壞人壞事，像洪水一樣氾濫，誰能改變？你與其跟隨逃避壞人的人，哪裡比得上跟隨我們這些避世的人呢？」說完仍不停犁土播種。子路回來告訴孔子，孔子失望地說：「人不能和鳥獸同群，我不和世人打交道要和誰打交道？天下如果太平，我也用不著提倡改革了。」

【注釋】

長沮、桀溺 楚國兩位隱者，姓名不傳。 **耦而耕** 兩人並頭而耕。 **問津** 問渡口在哪兒。 **執輿者** 執輿，執轡在手。本子路御而執轡，今下問津，故孔子代之。 **是知津矣** 言孔子長年周流在外，應知津渡之處也。 **滔滔** 水流貌。 **且而與其從辟人之士** 而指子路。辟人之士，指孔子。 **辟世之士** 沮、溺自謂。 **耰而不輟** 布種而不停止，亦不告訴子路渡口何在。耰，覆種。 **憮然** 悵然、失意的樣子。 **非斯人之徒與而誰與** 與同「群」。孔子是說我自當與天下人同群，隱居山林，是與鳥獸同群。 **丘不與易** 孔子是說正因為天下無道，故周流在外，求以易之。

18.7

子路從而後，遇丈人，以杖荷蓧。子路問曰：「子見夫子乎？」丈人曰：「四體不勤，五穀不分，孰為夫子？」植其杖而芸。子路拱而立。止子路宿，殺雞為黍而食之，見其二子焉。明日，子路行以告。子曰：「隱者也。」使子路反見之，至，則行矣。子路曰：「不仕無義。長幼之節不可廢也，君臣之義，如之何其廢之？欲潔其身，而亂大倫。君子之仕也，行其義也。道之不行，已知之矣！」

【譯文】

子路跟隨孔子出行，落在後面，遇到一位老人，用拐杖挑著農具。子路問：「您見到過我的老師嗎？」老人說：「你手足不勞動，五穀分不清，誰是你的老師？」說完，就扶著拐杖去除草。子路拱手站在一邊。後來老人留子路過夜，殺雞煮飯給子路吃，又叫兩個兒子出來拜見子路。第二天，子路告辭，趕上孔子，把情況告訴了他。孔子說：「那是隱士啊！」讓子路回去見老人。到了老人家，他已出門了。子路說：「不做官是不對的。長幼之間的禮節，不可廢除；君臣之間的大義，又怎能拋棄呢？想潔身自好，卻悖亂了君臣之間的大倫。所以君子做官，只是履行人臣的義務。至於天下太平的理想不能實現，那是我早就知道的了。」

【注釋】

蓧 古代耘田所用的竹器。 **四體不勤，五穀不分** 一說這是丈人指自己。另一說是丈人責備子路。說子路手腳不勤，五穀不分。多數人持第二種說法。 **植** 拄著。 **芸** 通「耘」，除草。 **黍** 小米。 **食** 拿東西給人吃。 **大倫** 指父子有親、君臣有義、朋友有信、夫婦有別、長幼有序。

18.8

逸民：伯夷、叔齊、虞仲、夷逸、朱張、柳下惠、少連。子曰：「不降其志，不辱其身，伯夷叔齊與？」謂柳下惠、少連：「降志辱身矣，言中倫，行中慮，其斯而已矣！」謂虞仲、夷逸：「隱居放言，身中清，廢中權。」「我則異於是，無可無不可。」

【譯文】

古今被遺落的賢人有伯夷、叔齊、虞仲、夷逸、朱張、柳下惠、少連。孔子說：「不降低自己的志向，不辱沒自己的身分，是伯夷、叔齊處世的態度吧？」批評柳下惠、少連：「犧牲了自己的意志，降低了自己的身分；但他們言語合乎法度，行為合乎思慮。但那也不過如此罷了！」又說虞仲、夷逸：「避世隱居，放肆直言，然而他們行為清高，棄官合乎權變。」又說：「我跟這些人都不同，沒有什麼是非這樣不可的，也沒有什麼是非不這樣不可的。」

【注釋】

逸民 遺落於世而無官位的賢人。 **虞仲** 仲雍，太伯之弟，後入荊蠻。 **夷逸**、**朱張** 生平不詳。 **少連** 東夷人。 **廢中權** 何晏集解引馬融曰：「遭亂世，身廢棄以免患，合於權也。」

18.9

大師摯適齊，亞飯干適楚，三飯繚適蔡，四飯缺適秦，鼓方叔入於河，播鼗武入於漢，少師陽、擊磬襄入於海。

【譯文】

魯國的樂官摯到齊國去，任亞飯樂官名叫干的到楚國去了，任三飯樂官名叫繚的到蔡國去了，四飯叫缺的到秦國去了。敲鼓的方叔，去到河內；搖小鼓的武，遷居漢水之涯。還有樂官佐陽，擊磬的襄，都往海島去了。

【注釋】

大師摯適齊 魯樂官長，名摯。 **亞飯、三飯、四飯** 古時吃飯時須奏樂，天子十五飯、諸侯十三、大夫十一、士九。分管其樂章的樂官，叫亞三四飯等。干、繚、缺均其名。 **鼓方叔入於河** 鼓，司鼓者。方叔，其名。河指河內，即今河南省黃河以北地。 **播鼗武** 播，搖。鼗，兩旁有耳的小鼓。 **少師** 副樂官長。 **陽、襄** 少師、擊磬者的名字。

18.10

周公謂魯公曰：「君子不施其親，不使大臣怨乎不以。故舊無大故，則不棄也。無求備於一人。」

【譯文】

周公訓誡他的兒子魯公說：「君子不疏遠親人，不使大臣抱怨不受重用。如果老臣舊友沒犯大錯，就不該遺棄他們。不要對人求全責備。」

【注釋】

周公 即周公旦，孔子心目中的傳人。 **魯公** 周公的兒子伯禽，封於魯，所以稱魯公。 **施** 通「弛」。 **以** 用。 **故舊** 指老臣舊屬。

18.11

周有八士：伯達、伯适、仲突、仲忽、叔夜、叔夏、季隨、季騧。

【譯文】

周朝有八位賢士：伯達、伯适、仲突、仲忽、叔夜、叔夏、季隨、季騧。

【注釋】

伯達等八人 不詳。有人說周文王時代尹氏所生的四對孿生兄弟。

子張篇

19.1 子張曰：「士見危致命，見得思義，祭思敬，喪思哀，其可已矣。」

【譯文】

子張說：「讀書人看見危險，要奮不顧身；看見利益，要考慮道義；祭祀要想到虔誠；居喪要想到哀戚。能這樣就算不錯了。」

【注釋】

致命 獻出生命。 **已矣** 語氣詞。

19.2 子張曰：「執德不弘，信道不篤，焉能為有？焉能為亡？」

【譯文】

子張說：「對道德的實踐不夠堅毅，對真理的信念不夠深刻，這樣的人，不是有他不為多，沒他不為少嗎？」

【注釋】

篤 篤實。 **亡** 通「無」。

19.3

子夏之門人，問交於子張。子張曰：「子夏云何？」對曰：「子夏曰：『可者與之，其不可者拒之。』」子張曰：「異乎吾所聞：『君子尊賢而容眾，嘉善而矜不能。』我之大賢與，於人何所不容？我之不賢與，人將拒我，如之何其拒人也？」

【譯文】

子夏的弟子請問子張怎樣交朋友。子張問：「子夏怎麼說？」那弟子回答：「老師子夏說：『值得交往的人就和他做朋友，不值得的就拒絕。』」子張說：「我聽到的與此不同：『君子尊重賢人，也接納普通人；讚揚善人，也同情未能行善的人。』如果我才德卓越，什麼人不能接納？如果我是個不賢的人，別人就會拒絕我，我又憑什麼去拒絕人家呢？」

【注釋】

問交 問交友。　**矜** 同情、憐憫。

19.4

子夏曰：「雖小道，必有可觀者焉，致遠恐泥，是以君子不為也。」

【譯文】

子夏說：「即使是小小的技藝，也必定有可取的地方。不過長期專注於此恐怕會陷於執著的困境，所以君子不去碰它。」

【注釋】

小道 指農圃醫卜之類的技藝。　**泥** 拘泥不通。　**為** 學也。

19.5 子夏曰：「日知其所亡，月無忘其所能，可謂好學也已矣！」

【譯文】

子夏說：「每天都學到些新東西，每月都不忘所學會的東西，能這樣就算好學了。」

【注釋】

亡 無也，指己之所未有。

19.6 子夏曰：「博學而篤志，切問而近思，仁在其中矣。」

【譯文】

子夏說：「廣泛學習而堅守自己的志向，有疑問要切實的問清楚，從淺近的地方去思索推究，仁德便在其中了。」

【注釋】

篤志 篤守其志。 **切問** 切實問清楚所學未悟之事。 **近思** 思己所能及之事。

19.7 子夏曰：「百工居肆以成其事，君子學以致其道。」

【譯文】

子夏說：「工匠要在作坊裡才能完成作品。君子要靠努力學習，以求得一切道理。」

【注釋】

百工 各行各業的工匠。 **肆** 一說是古代官府造作器物的地方，一說是貨物陳列之所。 **致** 極也。

19.8 子夏曰：「小人之過也必文。」

【譯文】

子夏說：「小人有了過失，必定加以掩飾。」

【注釋】

文 掩過自欺。

19.9 子夏曰：「君子有三變：望之儼然，即之也溫，聽其言也厲。」

【譯文】

子夏說：「君子的容貌儀態有三種變化：看起來很莊重嚴肅，接觸後發現他很溫和，聽他說話時覺得言辭嚴正。」

【注釋】

儼然 端莊的樣子。**厲** 嚴正。

19.10

子夏曰：「君子信而後勞其民；未信，則以為厲己也。信而後諫，未信，則以為謗己也。」

【譯文】

子夏說：「在位的君子必須取得人民的信任之後，才能役使百姓服勞役；如果未得到信任，百姓就會以為是在虐待他們。先取得君主的信任，然後才進諫；否則就會以為你在毀謗他。」

【注釋】

君子 指在位而有德者，此指君主。**厲己** 厲，苛虐、虐待。己，指人民。**諫** 用話糾正尊長的過失。**謗己** 謗，毀謗、惡言攻訐。己，指君上。

19.11

子夏曰：「大德不踰閑，小德出入可也。」

【譯文】

子夏說：「重大節操不可越出範圍，在小節上稍有放鬆是可以的。」

【注釋】

大德、小德 大節、小節。 **閑** 木欄，這裡指界限、範圍。

19.12

子游曰：「子夏之門人小子，當洒掃應對進退則可矣，抑末也；本之則無，如之何？」子夏聞之曰：「噫！言游過矣！君子之道，孰先傳焉？孰後倦焉？譬諸草木，區以別矣。君子之道，焉可誣也？有始有卒者，其惟聖人乎！」

【譯文】

子游說：「子夏的學生，做些灑掃庭院、接待客人之類的工作，那是可以的，可是那只是些末節，根本的沒學到，這怎麼能行呢？」子夏聽到後，說：「哎，子游錯了！君子之道，哪些放在前面先教？哪些放在後面，教倦了就不教呢？譬如培植草木，應該區別其種類，而採用不同的培植方法。君子之道，何能不按先後而誣妄施教？能本末一貫的教授弟子，只有聖人才能做到吧！」

【注釋】

門人 弟子。 **小子** 對年幼者的稱呼。 **噫** 心不平所發的聲音。 **倦** 厭倦。 **誣** 欺罔。 **有始有卒** 指有始有終，由淺入深，循序漸進。

19.13

子夏曰：「仕而優則學，學而優則仕。」

【譯文】

子夏說：「當官當得好的，有餘力，還該去讀書充實自己；讀書讀得好，有餘力，便應該去做官。」

【注釋】

仕 做官、任職。 **優** 充足。此指有餘力。

19.14

子游曰：「喪致乎哀而止。」

【譯文】

子游說：「喪事做到盡哀也就可以了。」

【注釋】

致 極致、竭盡。

19.15

子ㄗˇ游ㄧㄡˊ曰ㄩㄝ：「吾ㄨˊ友ㄧㄡˇ張ㄓㄤ也ㄧㄝˇ，為ㄨㄟˊ難ㄋㄢˊ能ㄋㄥˊ也ㄧㄝˇ，然ㄖㄢˊ而ㄦˊ未ㄨㄟˋ仁ㄖㄣˊ。」

【譯文】

子游說：「我的朋友子張的成就，算很難得的了，可是還不能算仁。」

【注釋】

未仁 不能算達到仁的程度。

19.16

曾子曰：「堂堂乎張也！難與並為仁矣。」

【譯文】

曾子說：「子張雖然外表堂堂，但難於和他一起做大事。」

【注釋】

堂堂 遺容莊嚴美盛。

19.17

曾子曰：「吾聞諸夫子：『人未有自致者也，必也親喪乎！』」

【譯文】

曾子說：「我聽老師說過，人不可能自動地表露真情，如果有，一定是在父母死亡的時候。」

【注釋】

自致 竭盡自己的心力。

19.18 曾子曰：「吾聞諸夫子：『孟莊子之孝也，其他可能也；其不改父之臣與父之政，是難能也。』」

【譯文】

曾子說：「我聽老師說過，孟莊子的孝行，其他人也可以做到，但他不更換父親的舊臣及其政治措施，這是別人難以做到的。」

【注釋】

孟莊子 魯國孟孫氏第六代宗主，名速，世稱仲孫速，諡號「莊」。

19.19

孟氏使陽膚為士師，問於曾子。曾子曰：「上失其道，民散久矣！如得其情，則哀矜而勿喜。」

【譯文】

孟氏任命陽膚為典獄官，陽膚向曾子請教。曾子說：「在上位的人不用正道治民，民心早已散盡了。如果瞭解了案情的真相，就要憐憫他們，而不要因案情大白而沾沾自喜。」

【注釋】

孟氏 即孟孫氏，魯國專權的大夫之一。 **陽膚** 曾子的學生。 **民散** 民心背離。

矜 憐憫。

19.20

子貢曰：「紂之不善，不如是之甚也。是以君子惡居下流，天下之惡皆歸焉。」

【譯文】

子貢說：「紂王的無道，並不像所傳說的那麼厲害。所以君子不可以居於下流，一旦有汙點，天下的壞名聲都會集中到他身上。」

【注釋】

紂 殷王帝乙之子，名辛字受，商之暴君。

下流 地形卑下之處，眾流之所歸。喻人有不善，則惡名歸之。

19.21

子貢曰：「君子之過也，如日月之食焉。過也，人皆見之；更也，人皆仰之。」

【譯文】

子貢說：「君子的缺點，像日蝕月蝕一樣。一有缺點，人人都能看見；一旦改正，人人都會敬仰。」

【注釋】

食 同「蝕」。 **更** 改也。 **仰** 仰望。

19.22

衛公孫朝問於子貢曰：「仲尼焉學？」子貢曰：「文武之道，未墜於地，在人。賢者識其大者，不賢者識其小者。莫不有文武之道焉。夫子焉不學，而亦何常師之有？」

【譯文】

衛國的公孫朝問子貢說：「仲尼的學問是從哪裡學來的？」子貢說：「文王武王流傳下來的禮樂典章，並沒有失傳，還有人記得。賢能的人可以了解它的根本，不賢的人只了解它的末節，賢與不賢的人無不保守著文王武王之道。我們老師何處不學，又何必要有固定的老師呢？」

【注釋】

衛公孫朝 衛國的大夫公孫朝。 **仲尼** 孔子的字。 **文武之道** 指文王武王之謨訓功烈，與所制作之禮樂制度等。 **未墜於地** 未亡失。 **在人** 還留在人們之間。 **常師** 固定的師長。

19.23

叔孫武叔語大夫於朝，曰：「子貢賢於仲尼。」子服景伯以告子貢。子貢曰：「譬之宮牆：賜之牆也及肩，窺見室家之好；夫子之牆數仞，不得其門而入，不見宗廟之美，百官之富。得其門者或寡矣！夫子之云，不亦宜乎？」

【譯文】

叔孫武叔在朝廷上對大夫們說：「子貢的道德學問勝於他的老師仲尼。」子服景伯把這話告訴子貢，子貢說：「譬如屋子的圍牆，我的牆齊肩高，站在牆外，就能看到我家裡富麗堂皇；老師的牆幾丈高，如果不從大門進去，就看不見雄偉壯觀的景象。進得去門的人太少了，武叔先生這麼說，也是可以理解的！」

【注釋】

叔孫武叔 魯大夫，叔孫氏，名州仇，謚為「武」。 **子服景伯** 魯大夫，子服氏，名何，字伯，謚為「景」。 **宮牆** 圍牆。 **仞** 古時七尺為仞，一說八尺為仞。 **官** 這裡指房舍。

19.24

叔孫武叔毀仲尼。子貢曰：「無以為也！仲尼不可毀也。他人之賢者，丘陵也，猶可踰也；仲尼，日月也，無得而踰焉。人雖欲自絕，其何傷於日月乎？多見其不知量也！」

【譯文】

叔孫武叔誹謗孔子。子貢說：「這是沒有用的！仲尼是毀謗不了的。別人的賢德好比丘陵，還可超越過去；仲尼的賢德好比太陽和月亮，是無法超越的。雖然有人要自絕於日月，這對日月又有什麼損害呢？只是表明他不自量力而已。」

【注釋】

無以為也 無用為此的意思。　**自絕** 自絕棄於日月。　**多** 「只是」的意思。

19.25

陳子禽謂子貢曰：「子為恭也，仲尼豈賢於子乎？」子貢曰：「君子一言以為知，一言以為不知，言不可不慎也。夫子之不可及也，猶天之不可階而升也。夫子之得邦家者，所謂『立之斯立，道之斯行，綏之斯來，動之斯和。其生也榮，其死也哀』。如之何其可及也？」

【譯文】

陳子禽對子貢說：「你是特別尊敬老師吧，孔子哪裡比你強？」子貢說：「君子說一句話就可以表現出他的明智，也由一句話表現出他的不聰明，所以說話不可以不謹慎。我們老師的高不可及，如同天無法用階梯爬上去一樣。他如果有機會治理國家，就能做到像古人所說的：『教人民自立，人民便能自立；引導人民行德，人民便能跟隨。安撫民眾，民眾便來歸附；役使他們，他們也和樂相隨。他生也光榮，死也可哀。』別人如何能及得上他呢？」

【注釋】

為恭 謂為恭敬推遜其師也。 **階** 梯也。 **得邦家** 得邦為諸侯，得家為卿、大夫。 **立之斯立** 是說孔子為政，立之以禮，則民無不立。 **道** 導引。 **綏** 安撫。 **來** 來歸。 **動之斯和** 動，役使。和，和睦順從。

堯曰篇

20.1 堯曰：「咨！爾舜！天之曆數在爾躬，允執其中！四海困窮，天祿永終。」舜亦以命禹。

曰：「予小子履，敢用玄牡，敢昭告于皇皇后帝：有罪不敢赦，帝臣不蔽，簡在帝心！朕躬有罪，無以萬方；萬方有罪，罪在朕躬。」周有大賚，善人是富。「雖有周親，不如仁人；百姓有過，在予一人。」謹權量，審法度，修廢官，四方之政行焉。興滅國，繼絕世，舉逸民，天下之民歸心焉。所重民、食、喪、祭。寬則得眾，信則民任焉。敏則有功，公則說。

【譯文】

堯說：「好啊！你這個舜！天命降臨到你的身上，讓你繼承帝位。如果天下都很窮困，你的帝位也就永遠結束了。」舜也以同樣的話告誡禹。商湯說：「我小子履謹用黑牛來祭祀您，向您禱告：有罪的人我絕不敢赦免。一切善惡，我都不敢隱瞞，您無所不知，自然心中有數。如果我有罪，請不要牽連天下百姓；如果百姓有罪，罪都應歸結到我身上。」周武王說：「周得上天的大賜，好人眾多。」武王又說：「我雖有至親，都不如有仁人。百姓有錯，在我一人。」謹慎處理量衡制度，審察禮樂法度，恢復廢棄的官職，四方的法令便暢通無阻。恢復被滅絕的國家，承繼斷絕的世族，提拔隱逸的人才，天下民心都會真心歸服。掌權者應該重視的是人民、糧食、喪禮、祭祀。寬容就能得到人民的擁護，誠信就能使人民信服。勤敏就能取得功績，公正就能使人民心悅誠服。」

【注釋】

堯曰 此記堯命舜之辭。 **咨** 嗟嘆聲。 **曆數** 帝王相繼的順序。 **允執其中** 指誠信能秉守不偏不倚之道。 **天祿** 指君祿。 **曰** 以下為商湯告天之辭。 **予小子** 上古帝王自稱。 **履** 商湯的名。 **玄牡** 黑色的公牛。 **后帝** 天帝。后，君。 **簡** 擇。 **賚** 賞賜。 **周親** 至親。 **權** 稱錘。 **法度** 指禮樂制度。

20.2 子張問於孔子曰：「何如斯可以從政矣？」子曰：「尊五美，屏四惡，斯可以從政矣。」

子張曰：「何謂五美？」子曰：「君子惠而不費，勞而不怨，欲而不貪，泰而不驕，威而不猛。」

子張曰：「何謂惠而不費？」子曰：「因民之所利而利之，斯不亦惠而不費乎？擇可勞而勞之，又誰怨？欲仁而得仁，又焉貪？君子無眾寡，無小大，無敢慢，斯不亦泰而不驕乎？君子正其衣冠，尊其瞻視，儼然人望而畏之，斯不亦威而不猛乎？」

子張曰：「何謂四惡？」子曰：「不教而殺謂之虐；不戒視成謂之暴；慢令致期謂之賊；猶之與人也，出納之吝，謂之有司。」

【譯文】

子張問孔子：「怎樣才能治理國家的政事呢？」孔子說：「尊崇五種美德，屏去四種惡政，才可以治理國家政事。」

子張說：「什麼是五美？」孔子說：「在上位的君子應該施惠於民眾，自己卻不浪費；勞役民眾，民眾卻不怨恨；有欲望卻不貪求，安泰卻不驕傲，威武嚴肅而不凶猛可怕。」

子張說：「什麼叫做給人恩惠卻不浪費？」孔子說：「就民眾應得的利益施惠，不就是給民眾實惠而不浪費財政嗎？選在農閒時期，民間可以出動勞力，這才勞動人民，又有誰怨呢？人君當欲於仁義，不為欲財色之貪，又有何可貪求呢？君子不管人口多少、不管年齡小大、都尊重他們，不就是平易近人而不驕傲自大嗎？君子衣冠整齊，注重儀表，莊重嚴肅，人人見了都很敬畏，不就是有威嚴而不凶猛嗎？」

子張說：「什麼是四種惡政呢？」孔子說：「不教導人民，等他們犯罪便加以殺戮，這叫做虐；不先告誡而臨時責其成功，這叫做暴；發布教令緩慢，又限期完成，這叫做賊；同樣是發放財物給人民，出手卻顯得吝嗇，這便是小官員的氣度。」

【注釋】

子張 顓孫師，陳國人，姓顓孫，名師，字子張，孔子的學生。

20.3

子曰：「不知命，無以為君子也；不知禮，無以立也；不知言，無以知人也。」

【譯文】

孔子說：「不懂得客觀分析，不能作為一個君子；不知道德規範，無法建功立業；不懂得辨別言語是非，就不可能辨別一個人的好壞。」

【注釋】

知命 深知自然生滅演變之理。 **知言** 從言談中了解他人的真意。

【人人文庫】

人人出版社《人人文庫》系列，
將中國經典小説化為閱讀輕享受，
邀您一同悠遊書海，
品味閱讀饗宴。

看**大觀園**
歌舞昇平，繁華落盡
紅樓夢套書（8冊）特價 **1200** 元

看**三國英雄**
群雄爭鋒，機關算盡
三國演義套書（6冊）特價 **900** 元

看**西遊師徒**
神魔相鬥，千里取經
西遊記套書（5冊）特價 **1000** 元

看**水滸好漢**
肝膽相照，豪氣萬千
水滸傳套書（6冊）特價 **1200** 元

看**風流富貴**
豪門慾海，終必生波
金瓶梅套書（5冊）特價 **1200** 元

看**神鬼狐妖**
幽默諷刺，刻畫人世
聊齋誌異選（上／下冊）各**250** 元

輕，好攜帶
國內文庫版最大突破，
使用進口日本文庫專用紙。
讓厚重的經典變輕薄，
讓閱讀不再是壓力。

小，好掌握
口袋型尺寸一手可掌握，
方便攜帶。

新，好閱讀
打破傳統思維，
內容段落分明，
如編劇一般對話精彩而豐富。
讓古典文學走入現代，
不再高不可攀。

國家圖書館出版品預行編目(CIP)資料

論語/孫家琦編輯. -- 第二版.
-- 新北市：人人, 2019.08印刷
面；　公分. -- (人人讀經典系列；21)
ISBN 978-986-461-180-5(精裝)
1.論語 2.注釋
121.222　　108003999

人人讀經典系列 21

封面題字／羅時僖
書系編輯／孫家琦
發行人／周元白
出版者／人人出版股份有限公司
地址／23145新北市新店區寶橋路235巷6弄6號7樓
電話／（02）2918-3366（代表號）
傳真／（02）2914-0000
網址／http://www.jjp.com.tw
郵政劃撥帳號／16402311 人人出版股份有限公司
製版印刷／長城製版印刷股份有限公司
電話／（02）2918-3366（代表號）
香港經銷商／一代匯集
電話／（852）2783-8102
第二版第一刷／2019年8月
第二版第二刷／2023年8月
定價／新台幣250元
港幣87元